四个每一天

武钢工会工作探索与实践

SIGEMEIYITIAN

WUGANG GONGHUI GONGZUO TANSUO YU SHIJIAN

武汉钢铁（集团）公司工会委员会◎编

中国工人出版社

图书在版编目（CIP）数据

四个每一天：武钢工会工作探索与实践／武汉钢铁（集团）公司工会委员会编．—北京：中国工人出版社，2012.12

ISBN 978-7-5008-5401-2

Ⅰ.①四… Ⅱ.①武… Ⅲ.①武汉钢铁公司—工会工作—研究 Ⅳ.①D412.6

中国版本图书馆 CIP 数据核字（2012）第 292219 号

四个每一天：武钢工会工作探索与实践

出 版 人 李庆堂
责任编辑 姚 远 李素素
责任校对 孙乃伟
责任印刷 栾征宇
出版发行 中国工人出版社（北京市东城区鼓楼外大街 45 号 邮编：100120）
网 址 http://www.wp-china.com
电 话 010-62350006（总编室） 010-62382376（职工教育分社）
010-82075964（传真）
发行热线 010-62005996 82075964（传真）
读者服务 010-62389465
经 销 各地书店
印 刷 北京睿特印刷厂大兴一分厂
开 本 880 毫米×1230 毫米 1/32
印 张 6
字 数 150 千
版 次 2012 年 12 月第 1 版 2013年6月第2次印刷
定 价 28.00 元

四个每一天——武钢工会工作探索与实践

编审委员会

主　任 zhu ren	马启龙
副主任 fu zhu ren	熊　莺　肖厚福　张永海
委　员 wei yuan	钟　钢　赵爱学　肖绍鸿　赵　青 马　明　张隆桥　喻先慧　张精华
主　编 zhu bian	赵爱学
编　辑 bian ji	倪国伟　叶少雄　许　勇　汪汉林

序　言

武汉钢铁（集团）公司党委常委、工会主席

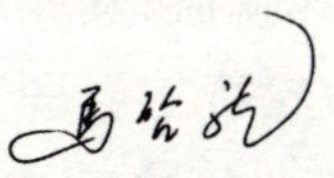

“十一五”以来，伴随着改革发展的时代节拍和武钢第三次创业的坚定步伐，武钢工会在实践中探索，在探索中实践，逐步形成了“组织职工干好每一天，突出维权关爱每一天，和谐健康快乐每一天，工会工作创新每一天”的“四个每一天”工作格局。几年来，面对产能严重过剩、国际金融危机对钢铁行业带来的巨大冲击，武钢坚定贯彻科学发展观，加快转变发展方式，全面推进第三次创业，为我国实现由钢铁大国向强国转变作出了重要贡献。几年来，在中国特色社会主义工会发展道路上，武钢各级工会组织和全体工会干部始终自觉接受党的领导，积极争取行政支持，融入中心，服务大局，切实履行基本职责，工会工作进入了创新发展的快车道，工作领域进一步拓展，基层活力进一步增强，工会组织的凝聚力、影响力进一步扩大，为武钢科学发展、全面推进第三次创业打牢了坚实的群众基础。武钢工会工作得到了公司党政和会员职工的广泛认同，受到了各级工会的充分肯定。

蓦然回首，几年的发展历程，是武钢深化改革、克难攻坚、全面推进第三次创业的过程，也是武钢工会工作努力践行武钢核心价值理念、“四个每一天”工作格局，实现新的跨越、不断迈上新台阶的过程。为忠实记录武钢各级工会组织和工会干部这几年来在探索、实践“四个每一天”工作格局中的足迹和风采，武钢工会组织编写了《四个每一天——武钢工会工作探索与实践》一书。在这本书里，我们可以深切地感受到武钢工会事业融入时代脉搏和企业发展步伐而不断探索、创新和发展的奋斗历程，可以清楚地看到广大工会干部为履行工会职责，在创新中实现超越的挚诚之心，可以真实地领略到广大职工群众忠诚武钢、热爱武钢、奉献武钢的主人翁精神风貌。相信这将给我们留下美好而永恒的记忆。

展望未来，党的十八大为全面建成小康社会描绘了更加壮丽的蓝图。站在新的历史起点，面对新的历史发展机遇，武钢提出以坚持科学发展主题和加快转变经济发展方式为主线，紧紧围绕建设具有国际竞争力的世界一流企业目标，加快推进“三个转变”，着力打造“质量武钢、创新武钢、数字武钢、绿色武钢、幸福武钢”的宏伟目标，企业跨入了第三次创业的新的历史阶段。实现“一大目标、三个转变、五项理念”，构建和谐企业，武钢工会组织地位和作用更加突出，工会的任务和责任更加艰巨而光荣。我们坚信，在武钢党委的正确领导和行政的大力支持下，武钢工会组织一定会再接再厉，坚定走中国特色社会主义工会发展道路，全面贯彻落实以人为本的科学发展观，坚持“依靠”方针，充分发挥密切联系职工群众的桥梁和纽带作用，继续深化和发展“四个每一天”工会工作格局，团结动员广大职工为实现武钢“十二五”宏伟目标再作新贡献。

2012 年 11 月于武汉

目 录

第一章　总　述

ZONG SHU

武钢工会是中华全国总工会的一个基层组织。武钢建设、改革、发展的各个时期，武钢工会都根据厂情、会情确定自己的发展思路，充分发挥着桥梁和纽带作用。在武钢第三次创业的新时期，构建什么样的工会工作格局，是武钢工会发展的方向性问题，事关武钢科学发展的群众基础，事关全体职工群众同心协力推进第三次创业的精神动力。2005 年始，武钢工会在总结汲取 50 多年工作经验，准确把握厂情、会情的基础上，提出了“四个每一天”的工作理念，探索并构建了“四个每一天”的工作格局，即“组织职工干好每一天，突出维权关爱每一天，和谐健康快乐每一天，工会工作创新每一天”。这个理念和格局体现了中国工会性质，符合武钢实情，贴近职工群众，是新时期武钢工会事业的发展方向和主题。

第一节　“四个每一天”工会工作格局的形成

站在历史和全局的高度，深入了解和准确把握武钢工会“四个每一天”工作格局形成的背景和过程，是正确认识和实践“四个每一天”工作格局的前提。

一、“四个每一天”工作格局形成的背景

从外部看，进入新世纪，尤其是中国工会十五大以来，工会工作面临一系列机遇和挑战。

党中央高度重视工会工作，作出一系列重要指示，为做好新形势下的工会工作指明了方向；各级党委和政府大力支持工会工作，采取一系列有力措施，为开展工会工作创造了良好环境。各级工会组织以“三个代表”重要思想和党的十六大、十七大精神为指导，全面贯彻落实科学发展观，顺应时代发展要求，融入中心，服务大局，全面履行各项社会职能，致力构建社会主义和谐劳动关系。同时，国内外形势的发展变化，给企业工会工作带来了新情况新问题。国内经济伴随产业结构升级，所有制结构变化，分配方式多样化和市场化进程加速，社会群体分化现象明显，社会利益矛盾大量凸现，各种文化思潮相互激荡。这些都对企业职工思想和行为产生了巨大冲击，工会工作繁重系数和难度系数不断增加。

从武钢看，2005 年，武钢开始全面推进第三次创业，企业迈上了跨越式发展轨道。

这一时期，是武钢改革与发展的重要战略机遇期和深层矛盾凸显期。困难大考验、思想大解放、观念大转变、机制大变革、资源大整合、格局大调整、效益大提升、企业大发展，给工会履行职能、发挥作用提出了更新更高要求。工会组织如何充分地融入生产经营和改革发展这个中心，更好地服务武钢第三次创业这个大局，切实履行好基本职能，是摆在全公司各级工会面前的重大课题。

武钢全面推进第三次创业的新时期，是企业沉着应对各种挑战，破解难题，科学决策，实现跨越式发展的时期。这一时期，各种思想观念相互激荡，各种改革举措不断推出，新问题新情况层出不穷，企业和职工比以往任何时候更需要工会发挥作用。这一时期，武钢党委高度重视工会工作，行政大力支持工会工作。2005 年 8 月，武钢工会工作会议胜利召开，对进一步加强和改进工会工作作了深入研究和重大部署。这次会议上，武钢党委和行政还同时分别出台了《关于进一步加强工会工作的意见》和《关于进一步支持工会工作的意见》两个指导性文件，这在武钢历史上尚属首次。2005 年 12 月，武钢党委专门在武钢工会机关开展工会工作专题调研，对做好新时期工会工作提出明确要求。

从武钢工会看，工会面临的机遇和挑战，要求工会工作必须再上新水平。

在企业内部，职工的民主意识明显增强，利益诉求明显增多，对工会的期盼值明显增高。此时，与武钢跨越式发展节奏相比，与职工权益诉求增长相比，工会工作还存在一些不足：一些单位工会工作重点不突出，活动方式陈旧，工会组织对职工的吸引力、凝聚力不够，工会履行维护职能的能力和手段与党的要求和职工的需要不相适应，工作机制和活动方式与工会肩负的责任和承担的任务不相适应。工会干部忙于日常事务，工作深入实际调查研究不够，缺乏创新精神，突出特色抓品牌不力，突出重点抓实效不足。面对新情况新问题，打破常规推陈出新成为武钢工会一项重要而紧迫的任务。

在这样的形势和背景下，“四个每一天”工会工作格局应运而生。正是探索和实践了“四个每一天”工作格局，武钢工会组织才能站稳立场、把准定位、打牢基础，牢牢抓住了新机遇、赢得新挑战，切实履行好工会职能，团结、带领广大职工为推动武钢科学发展做出新贡献。

二、“四个每一天”工作格局形成的过程

“四个每一天”工作格局的探索、形成和确立，经过了一个从创造性提出到创新性实践的较长过程。

2005 年 7 月，武钢工会委员会组成调研专班，深入基层厂矿、班组一线，开展了持续数月的“新思路、新对策、新突破”大调研。通过广泛听取各级党政领导、工会干部、班组会员职工的意见，从党政和职工的评价中找差距，从企业和职工的需求中谋思路，从企业的生产经营和改革发展中定重点，从历史经验中汲精华，从基层实践中找方法，在集思广益、共同探讨、反复论证的基础上，提出了“组织职工干好每一天，突出维权关爱每一天，和谐健康快乐每一天，工会工作创新每一天”的新时期工会工作新理念。2006 年 2 月，武钢工会八届二十一次全委（扩大）会议初步形成以“四个每一天”为主导的工会工作新思路。经过一年多实践，2007 年 9 月，“四个每一天”工作思路写入武钢工会第九次代表大会工作报告，“四个每一天”工会工作格局正式确立。

第二节 “四个每一天”工会工作格局的重要意义

武钢工会“四个每一天”工作格局是武钢“一大目标、三个转变、五项理念”大格局的重要组成部分，体现了工会工作与公司科学发展的统一性，体现了工会工作与职工诉求的同一性。深化和发展“四个每一天”工作格局，有着很强的现实意义和深远的历史意义。主要表现在：

一、是中国特色社会主义工会发展道路在武钢的具体实践和鲜活印证

中国特色社会主义工会发展道路具有丰富的内涵，其指导思想是中国特色社会主义理论体系，政治保证是党对工会的领导，根本任务是服从服务党和国家的工作大局，基本职能是表达和维护职工合法权益，组织体制是团结统一的工人阶级队伍和工会组织，国际交往是独立自主地开展对外交往，内在动力是推进工会理论创新、机制创新和工作创新。这七个方面相互联系，有机结合，深刻揭示了中国工会的性质、地位、作用等基本问题，系统回答了走什么样的工会发展道路、建设什么样的工会这一重大课题。

武钢工会是中国工会一个基层组织，如何把中国特色社会主义工会发展道路具体化、生动化，实践好、发展好，必须充分结合自身实际，闯出自己的新路子，创建出自己的工作格局。构建一个符合要求、独具特色的工作格局，是武钢工会工作发展的方向性问题，事关企业科学发展的

群众基础，事关武钢职工群众同心协力推进第三次创业的精神动力。武钢工会探索并实践的“四个每一天”工作格局，很好地解答了这一课题。“四个每一天”坚持以中国特色社会主义工会发展道路的科学理论为指导，以企业新的实践发展为基础，形成了概括工会四项基本职能的工会工作格局，在坚持党对工会领导的前提下，以“组织职工干好每一天”为永恒的主题，体现促进企业科学发展的本质特征；以“突出维权关爱每一天”与“和谐健康快乐每一天”为核心内容，体现以职工为本的主动依法科学维权观；以“工会工作创新每一天”为突出标志，体现企业工会与时俱进的求真务实精神。

二、顺应时代要求和形势变化，在融入中心服务大局中充分展示了武钢工会新发展新作为

在“四个每一天”的工作格局下，各级工会把团结动员广大职工在第三次创业中建功立业作为自己的历史使命和职责，把协助解决企业集团化发展过程中的思想认同、管理认同、文化认同、发展认同作为自己的努力方向，各项工作融入武钢科学发展的实际，充分显示了工会活力，展示了工会作为，作出了重要贡献。

“四个每一天”工作格局是在武钢第三次创业总体思路指导下形成和发展的，推动了武钢科学发展。2005 年以来，面对国内外复杂的经济形势和钢铁行业激烈的市场竞争，公司坚持贯彻科学发展观，准确把握钢铁行业发展大势，审时度势，科学决策，提出并大力推进以中、西、南发展战略为核心的第三次创业宏伟事业，全面完成了“十一五”规划，胜利开创了“十二五”发展良好局面，企业在科学发展道路上砥砺拼搏、阔步前进。工会组织自觉地把自己放到公司全局中去思考和开展工作，准确把握企业发展是第一要务的含义，切实履行“两个维护”职责，在增强凝聚力、激发创造力上下工夫、求实效，探索、形成并实践了“四个每一天”工作格局，有利于促进企业生产经营的健康发展。组织职工干好每一天是基础。武钢工会以充分激发广大职工的创造力为目标，最大限度地把广大职工组织到公司生产经营的主战场，深入开展了“个百千万”劳动竞赛。尤其是创建武钢工人科技园，极大地调动了职工自主创新的积极性，促进了公司生产经营健康发展。

三、顺应职工群众新期盼，较好地满足了职工群众的利益需求

武钢第三次创业时期，是劳动关系和职工队伍发生深刻变化的时期。由于公司内部改革纵深开展，用工机制更加灵活，劳动关系也向契约化、市场化、社会化方向深入发展，职工权益诉求呈现出多样化、复杂化的态势；同时，由于职工队伍知识化进程加快，信息社会日新月异的发展和进步，职工群众的思想观念和价值取向趋于多元化，出现了新的权益诉求，对工会的期盼值更高。

针对这些新变化，工会自觉地把帮助解决职工群众最关心、最直接、最现实的权益问题列为第一责任、第一行动，既努力促进职工与公司共享改革发展成果，又教育引导职工正确面对和积极投身公司改革发展实践，用“四个每一天”来促团结、促和谐、促发展，有力地推动企业劳动关系的和谐稳定。“四个每一天”理顺了企业、职工相互间的权利、义务关系。只有企业关爱职工每一天，职工才

会立足岗位干好每一天，从而促进企业改革发展每一天。和谐劳动关系的建立，不仅实现了职工由单纯劳动力向“主人翁”的转化，而且实现了企业由单纯劳动场所向“家”的转化，双向认知度均发生了质的飞跃，有利于激发广大职工的生产热情。突出维权关爱职工每一天是关键。公司坚持和完善职工代表大会制度，实行总经理民主对话制度，推行值班厂长制度，营造了浓郁的民主政治氛围。坚持把解决职工最关心、最直接、最现实的利益问题，作为发展和谐劳动关系的突破口，真正体现“工人伟大，劳动光荣”，极大地调动了广大职工的生产热情。

四、是完善工会自身建设的需要，促进了武钢工会工作水平上台阶

2005 年以来，中华全国总工会提出坚持走中国特色社会主义工会发展道路，公司改革和发展步伐的加快，职工群众权益诉求的增多，都对工会工作变观念、强实效、上水平提出了新要求。工会工作思路、内容、方式和手段的推陈出新，既是外部环境的要求，更是工会自身发展的需要。武钢工会充分认识到构建新的工作格局的重要性和紧迫性，主动靠紧党委听指导，主动贴近行政听意见，主动走进职工听呼声，主动深入基层听对策，从现实需求和实际工作中总结提炼出“四个每一天”理念，确立“四个每一天”工作格局，使自身建设体系进一步得到完善，工会工作的创新能力进一步增强。近些年来，公司工会在创新决策、服务、评价机制和工会干部培养机制等方面都有长足进步，尤其在创新工作方式上，坚持在实践中探索，并总结出“从企业和职工的需要中定思路，从生产经营和改

革发展的难点中定重点，从基层单位的实践经验中找方法，从各级党政领导和基层职工的评价中找差距”的新方式，堪称工会创新工作的经典之作。

五、进一步丰富了武钢党建工作体系

武钢党委坚持中国特色社会主义科学理论体系，秉承“围绕中心，服务大局，维护稳定，促进发展”的党建指导思想，初步形成了具有自身特色的“三四五六七”党建工作格局，即构建“三型”模式、运用“四个载体”、提炼“五在前”标准、形成“六有”工作局面、建立“七个方面”长效机制。武钢工会探索并实践的“四个每一天”工作理念和格局，正是武钢工会将企业党建理论和工会工作实际相结合的产物，它与武钢党建理论一脉相承，进一步丰富了武钢党建理论的内涵和外延，进一步打牢了武钢党建工作的群众基础，是充分发挥工会桥梁纽带作用的独特优势，认真贯彻落实公司党建指导思想的生动实践。

第三节 “四个每一天”工会工作格局的基本内涵

“四个每一天”工作格局是武钢工会的一大创举，是对新形势下推进企业、工会、职工和谐统一发展的系统构思，赋予了工会工作明确的目标和任务。“四个每一天”工作格局紧扣中国工会四项基本职能，紧跟武钢科学发展步伐，紧贴职工群众，它既是工作理念，也是工作标准，还是实际行动，具有丰富的内涵。

一、依靠“组织职工干好每一天”，体现全心全意依靠职工办企业的指导思想，促进武钢科学发展

胡锦涛同志在纪念建党90周年讲话中指出：“以经济建设为中心是兴国之要。党的一切奋斗，归根到底都是为了解放和发展社会生产力，不断改善人民生活”。武钢党委也要求企业的各项工作必须围绕企业经营发展的中心来开展。“组织职工干好每一天”正是围绕这一中心任务，充分调动职工主观能动性，不断提高企业经济效益，实现职工自身价值、促进企业发展的有效形式。

武钢是国有企业，广大职工群众的根本利益与企业的总体利益高度一致。“组织职工干好每一天”，既是为企业做贡献，也是在实现个人价值和维护自身利益。工会高度统一这一认识，紧紧扭住促进生产经营发展这个牛鼻子不放松，组织职工在干好每一天的工作中建功立业。其主要内容包括：深入开展“个百千万”劳动竞赛，促进生产经营安全顺行和效益提升；适时开展“降本创效双百明星”活动，为公司战胜金融危机带来的特殊困难，降低成本多创效益；创建工人科技园，搭建职工自主创新活动平台，解决生产经营难题，创造新的效益增长点。概括地说，组织职工立足岗位干好每一天，就是从总体上、根本上推动武钢科学发展，维护职工根本权益，达到企业与职工“和谐共赢”。

“干好每一天”，组织动员全体职工“把岗位上的事当家里事来做”，体现了全心全意依靠职工办企业的方针，明确了职工的主人翁地位和作用，彰显了“工人伟大，劳动光荣”、“尊重劳动，尊重知识，尊重人才，尊重创造”的

精神。

二、强化“突出维权关爱每一天”，体现以人为本科学发展观，努力构建和谐劳动关系

“突出维权关爱每一天”是武钢工会履行基本职责的集中体现，是构建和谐劳动关系的主要形式，是武钢党委全面实现“凝聚人心、凝聚力量、凝聚智慧”的“凝聚工程”中不可缺少的重要组成部分。武钢工会始终坚持“以人为本”，既从大处发挥“关爱”作用，又从具体关爱上付诸行动，真心实意解决职工的困难和问题，营造了“企业关爱职工，职工爱护企业，劳资双方和谐共赢”的良好氛围。

“关爱每一天”体现了以人为本的管理理念。现代管理与传统管理的主要区别之一就是以人为本。“关爱每一天”明确了把职工呼声当作第一信号，把职工需求作为第一选择，把职工利益当作第一考虑，把职工满意当作第一标准，让职工在关爱中由“要你这样做”变成“我要这样做”，实现了由自发到自为的升华，极大地激发了广大职工劳动的积极性和创造性。

“关爱每一天”使工会组织具有强大的依靠力。工会是劳动关系矛盾的产物，广大职工是企业的主力军，更是工会组织的基础和依靠。工会的“维护、建设、参与、教育”四项职能中，把维护职能放在首位。国有企业维权不是“零和博弈”，企业工会要更加以职工为本，把实现维护职工权益作为基本职责，按照“集体利益和个人利益统一”的维权原则，“党政主导、工会运作”的维权格局，“主动、依法、科学维权”的维权方法，从职工需求出发，为广大

职工做好事、解难事、办实事，维护好职工的经济、政治、文化权益，成为职工信赖的组织，成为和谐劳动关系的构建者和维护者。“关爱每一天”是工会切实履行维护基本职责的生动表述和实际行动。其主要内容有：以坚持和不断完善职工代表大会为基本形式的厂务公开民主管理制度，探索实践民主对话会、值班厂长等一系列新形式，维护职工知情权和民主管理权；全力推进以工资集体协商为核心的平等协商集体合同制度，从源头维护职工经济利益；深入实施以重疾互助、配送“关爱箱”为主要内容的“关爱职工阳光大行动”，千方百计为职工办实事、办好事，维护职工群众具体利益；关爱特殊群体和困难群体，不断完善扶贫帮困机制，科学运作扶贫帮困基金，持久开展扶贫帮困送温暖活动，切实保障他们的基本生活。通过这些制度、工作和活动，努力形成“企业关爱职工，职工爱护企业”的和谐劳动关系。

三、推动“和谐健康快乐每一天”，体现尊严劳动，发展先进企业文化

在激烈的市场竞争环境下，企业要生存、要发展，必须具备强大的市场竞争力，而这种竞争力的来源，除了国际一流的高端人才和领先的生产技术，更重要的是依靠与众不同的企业文化理念和文化品牌形成的强大凝聚力。这种企业文化不仅是企业全体职工共同参与、共同创造的结晶，更是企业全体职工共同认可、共同维护的精神家园。

在实现全面建成小康社会发展目标的历史新阶段，人们比以往更加注重精神文化生活，更加注重身心健康。让职工和谐健康快乐每一天，是企业文化建设不可或缺的重

要组成部分和具体体现，也是武钢工会的重要工作责任和义务。其主要内容包括：开展“落后遭淘汰，创业促发展”主题教育，努力营造“工人伟大，劳动光荣”的舆论环境，凝聚人心，凝聚智慧，凝聚力量；弘扬劳模先进人物精神，努力营造“尊重劳动、尊重知识、尊重人才、尊重创造”的浓厚氛围，充分激发职工创业热情；推进职工知识化、技能化进程，着力提高职工学习能力、创新能力、竞争能力和创业能力，为第三次创业储备高素质职工人才；坚持开展迎新长跑、武钢之春、武钢之夏、五一之歌等“四大传统”文化品牌活动与“快乐班组”、“万名职工欢乐行”、“横班乐”等新形式文化活动，打造积极向上、快乐和谐的职工文化，让职工文化生活丰富多彩，让职工身心愉悦健康，进而汇聚起第三次创业的强大精神动力。

“快乐每一天”是工会培育和谐企业文化的有效途径。凡事皆辛苦，快乐对人生，这是一种高境界的人生修养。“快乐每一天”引导职工面对工作、面对生活、面对压力，始终保持健康快乐向上的良好心态，势必为建设和谐社会、幸福武钢注入活力。

四、倡导“工会工作创新每一天”，体现“创先争优”永不停步，推动工会工作水平不断上台阶

创新是工会保持活力的源泉，是工会工作不断前进、不断上台阶的动力，也是工会组织“创先争优”的保证。主要内容包括：

创新工会决策机制，从企业和职工的需要中谋思路、找方法、定措施，做到工作思路来自第一线，工作内容来自第一线，工作经验来自第一线，工作创新来自第一线；

创新工会服务机制，坚持重心下移，指导帮助基层探索方法、总结经验，帮助职工排忧解难，做职工的贴心人；

创新工会评价机制，将工会的创新能力、创新成果、工作成效、服务质量以及职工会员、党政对工会的满意度作为评价指标，评判工会工作的效果。

通过确立这些机制和方法，不断提高工会组织和工会干部主动维权、依法维权、科学维权的能力和水平，“创先争优”永不停步。

“创新每一天”，体现了时代的要求和武钢人的精神。创新是发展的方法和手段，没有创新就没有发展，就没有进步。工会只有保持“创新每一天”的精神状态和工作要求，才能推动工会自身的不断发展完善，才能保证工会工作始终与企业科学发展和职工权益诉求“同频共振”。创新既是时代的需要，也是对各级组织和职工内在素质的要求。“创新每一天”明确了各级组织和职工应有的工作激情、超越自己和竞争对手的态度。坚持不懈地创新，必然推进企业和员工的持续发展。强化发展意识，创新工作每一天，使工会组织拥有了不竭的动力。

因此，在武钢工会“创新每一天”的实践中，创新体现在方方面面：以工会主席直选工作为代表的工会干部管理机制的创新，以职工会员、党政对工会的满意度测评为代表的工会工作评价机制的创新，以创建工人科技园为代表的工会工作内容的创新，等等。所有这些，不仅是工会自身建设的需要，更是一个企业持续健康发展的需要。事实证明，工会组织只有在创新中不断发展，在发展中勇于创新，才能保证不断超越自己。

第四节 “四个每一天”工会工作格局的基本特征

深化和发展“四个每一天”工作格局，前提是“干好每一天”，核心是“关爱每一天”，要义是“快乐每一天”，关键是“创新每一天”。“四个每一天”工作格局，定位准确，内涵丰富，结构严谨，特征鲜明，相互之间形成了一个有机统一整体。

“四个每一天”工作格局的基本特征主要体现在：

一、“四个每一天”工作格局具有科学发展的时代性

科学发展观是新世纪我党提出的重大战略思想，具有新时代最鲜明的特征。第三次创业是武钢与时俱进贯彻落实科学发展观的重大战略举措，是全体武钢职工共同参与的火热而生动的社会实践。武钢工会提出的“四个每一天”的工作理念正是践行科学发展观，建设和谐社会、和谐企业的重要体现。“组织职工干好每一天”，体现了职工群众的主体地位和第三次创业的依靠力量；“突出维权关爱每一天”，体现了武钢工会尊重和保障人权，充分满足当代职工发展愿望和多样性的需求；“和谐健康快乐每一天”，体现了武钢工会关注职工生活质量、生活水平和幸福指数，充分调动了广大职工的积极性；“工会工作创新每一天”，体现了职工群众的首创精神，为第三次创业提供了活力源泉。

二、“四个每一天”工作格局具有群团工作的群众性

工会是党领导下的职工群众组织，是企业与职工联系的桥梁和纽带。工会工作是群众工作，“四个每一天”的工作格局，充分彰显了国有企业群众工作特征，夯实了工会工作的群众基础。

（一）展现了工会工作的亲和性，富有凝聚力

“四个每一天”始终围绕职工展开，紧紧依靠职工，工作上依靠、感情上贴近，思想上尊重，始终以职工利益为根本立足点和出发点，反映职工的呼声和要求，能强有力地凝聚广大职工智慧和力量。

（二）展现了工会工作内容的具体性，富有感染力

“四个每一天”强调始终抓好“每一天”实实在在的工作，用职工喜闻乐见的形式，丰富多彩的内容，丰富职工的物质文化生活，切实让职工能摸得着、看得见、体会到，具有很强的感染力。

（三）展现了工会工作方法的创新性，富有竞争力

新时期企业职工日益多元化，企业职工对劳动关系维权意识增强，企业内部职工收入差距分化等问题，都给国有企业工会工作带来了前所未有的困难与挑战。“四个每一天”工作格局充分体现和发挥工会的维护、建设、参与、教育职能，满足了广大职工的新期待，让职工共享企业改革发展成果。

（四）展现了工会工作形式的丰富多样性，富有吸引力

“四个每一天”不仅始终关心职工的物质生活，还更加注重广大职工的精神生活，充分尊重职工的价值，更加注

重发挥每位职工的自主精神、创造潜能和主人翁责任感，让每位职工的创造力和活力竞相迸发。

三、“四个每一天”工作格局与武钢企业文化具有内在联系性

武钢提出并大力推行的质量武钢、创新武钢、数字武钢、绿色武钢、幸福武钢的“五项理念”，是武钢企业文化建设的重要内容和集中体现。打造“五个武钢”，必须坚持以人为本，引导广大干部职工共同参与、积极践行，把思想和行动统一到公司发展目标任务上来。

工会作为企业群众性组织，具有不可替代的组织优势和强大的号召力，“四个每一天”工作理念与“五项理念”相得益彰，是“五项理念”的生动实践。只有“组织职工干好每一天”，才能创造大量物质财富，为建设“五个武钢”奠定物质基础；只有“突出维权关爱每一天”，才能保证职工无后顾之忧，尽其所能为“五个武钢”做贡献；只有让职工“和谐健康快乐每一天”，才能营造出劳动快乐的氛围，形成建设“五个武钢”的发展合力；只有“工会工作创新每一天”，才能使工会工作始终充满生机和活力，凝聚全体干部职工的智慧和力量，加快建设“五个武钢”。

四、“四个每一天”工作格局与武钢第三次创业实践具有协同性

中、西、南发展战略和“三个转变”（由单纯的生产经营型向质量效益型转变，由一业为主向一业特强、适度多元化转变，由内陆发展向沿海、国外发展转变），是武钢第三次创业的核心内容和实现途径。当前，武钢钢铁主业、

相关产业、资源开发、防城港钢铁项目等四线并举，第三次创业步入高峰阶段，企业发展处于最好时期，但也是最困难、最关键时期。深化发展“四个每一天”工作格局，充分激发全体干部职工干事创业热情，加快推进“三个转变”，对于武钢有效应对严峻挑战，战胜重重困难，奋力开创第三次创业科学发展新局面具有十分重要的意义。“组织职工干好每一天”就是充分发挥工会的组织作用，引导职工积极践行“三个转变”，在岗位上降本增效、创新创效，为企业攻坚克难、实现生产经营目标建功立业；“突出维权关爱每一天”就是发挥工会的维护作用，既维护职工的民主政治权利、经济权利、全面发展权利，又关心职工的具体利益，切实保障职工合法权益，推动和谐共建共享，为形成广大职工同心同德、尽心尽力推进第三次创业的良好氛围提供机制保证；让职工“和谐健康快乐每一天”，就是发挥工会的引导作用，大力唱响“工人伟大、劳动光荣、和谐武钢、奔向小康”主旋律，培育健康快乐的和谐企业文化，让职工生活丰富多彩、身心愉悦健康，为调动职工的积极性，加快推进第三次创业增添精神动力；“工会工作创新每一天”，就是充分发挥工会的服务作用，针对新形势新特点，着力创新决策、服务、培训、评价等机制，在创新中发展，在发展中创新，使工会工作充满生机活力，为团结带领职工全面推进第三次创业提供组织保证。

五、“四个每一天”工作格局具有武钢工会的个性

（一）传承性

“四个每一天”是对武钢工会工作长期实践经验的总结，与武钢 50 多年建设、改革、发展进程一脉相承，与

"务实创新、追求卓越"的武钢精神和"严格、认真、忠诚、奉献"的武钢人形象相辅相成，是历史的传承与发展。

（二）符合性

"四个每一天"工作格局确立的依据，充分体现了中国特色社会主义工会发展道路，以及党的全心全意依靠工人阶级的根本指导方针，为实现职工民主政治权益、现实利益要求以及精神文化权益，提供了强有力的工作保障，同时也为发展和谐劳动关系增添了不竭动力。

（三）创造性

"四个每一天"工作格局不仅涵盖了"维护、建设、参与、教育"的工会工作四项职能，而且兼顾了企业、职工之间的利益需求，在工会、企业、职工三者之间架起了有效沟通、共建共享的连心桥梁。

（四）示范性

"四个每一天"作为一项工作理念，不仅仅适用于工会工作，同样也适用于党的群众工作，适用于企业科学民主管理。"四个每一天"从一个通俗的侧面，揭示了和谐企业建设的一般规律，揭示了和谐劳动关系创建的基本特性。

（五）指导性

从理论上讲，它是一种理念，是一种思想；从工作上讲，它是一种格局，是一种构架；从管理上讲，它是一种模式，是一种样板。因此，"四个每一天"不仅为工会活动提供了理论支撑，也为工会实践提供了规范和标准。

综上所述，"四个每一天"工作格局，体现了全心全意依靠职工办企业的指导方针，符合现代管理理念，顺应时代要求，符合职工需求，使工会成为"党委靠得住、行政离不开、职工信得过”的群众组织，也成为在企业管理链条中发挥着重要作用的一个组织。“四个每一天”工作格局的形成和发展，既是武钢工会坚持推动落实全心全意依靠职工办企业指导方针、牢固树立科学维权观的实践总结，也是工会工作坚持融入中心、服务大局、切实履行职能的实践结晶。“四个每一天”工作格局，从其内涵、本质、目的和要求来看，不仅是工作格局，也是一种理念，是一种直通企业文化层面的价值观，更是一种境界，一种理想，一个追求的目标。从践行过程来看，各级工会基本实现了理论与实践的结合、目标与过程的统一。

第五节 “四个每一天”工会工作格局的经验

经过多年的实践和探索，武钢工会“四个每一天”工作格局不断深化和发展，同时也积累了一些经验和体会。

一、深化和发展“四个每一天”工作格局，必须坚持党的领导

首先要坚持党委领导的政治原则，在积极落实党对工会及工会工作的领导上下工夫，实现党对工会工作领导的具体化。

武钢党委常委会坚持听取工会工作专题汇报，对工会提出的困难和问题全部作解答，并尽力尽快给予解决。党委对工会工作领导的政治优势转化为工会履行职责、发挥作用的工作优势，实现了工会工作的全方位突破。

其次要力争行政的最大支持。

武钢行政部门非常支持工会工作，每年，除足额划拨工会经费、劳动竞赛费用外，还向工会拨付大量的行政管理费用、职工疗休养经费，为工会基本建设和职工文化体育活动场所设施的修建维护提供数千万元的资金保证。2011年，在行政的大力支持下，占地600亩的武钢职工体育中心正式开工兴建。武钢党委和行政的这些关心和重大支持举措，为有效解决工会工作的全局性、方向性、指导性问题，为工会工作在新形势下进一步创新发展提供了政治上、组织上和经济上的保障。实践证明，只有把坚持党的领导与工会依法独立自主、创造性地开展工作结合起来，把服从服务大局与全面履行工会基本职责联系起来，把党的要求、行政的需要与职工的意愿统一起来，才能更好地发挥工会作为党联系群众的桥梁纽带作用。

二、深化和发展"四个每一天"工作格局，必须做到与党政中心工作同频共振

维护是工会的基本职责，国有企业工会必须在维护国家和企业整体利益的同时，更好地代表和维护职工的合法权益。同时，提高企业经济效益是维护好职工各项权益的基础，只有通过全体职工的创造性劳动，保持企业经济效益的不断提高，才能提供维护职工具体利益的基本条件，保证工会工作的有效开展。坚持围绕中心，服务大局，是工会的基本任务，必须以群众性经济技术创新活动为抓手，在充分发挥职工群众的主体作用上下工夫，在推动企业可持续科学发展中突出职工主体地位。

三、深化和发展“四个每一天”工作格局，必须坚持与时俱进的工作理念

一是在工作总体布局上，要与时俱进抓重点，适时转变发展方式，探索适应企业发展的系统化运作思路。

二是在维护职能上，要与时俱进建长效机制，以不断完善的体制机制服务职工日益增长的合理合法需求。

三是在建设职能上，要与时俱进地扭住企业经济发展这个牛鼻子，主动积极为企业生产经营排忧解难。

四是在参与职能上，要与时俱进地有效利用各种载体，发动职工着力在提高企业经济效益和现代化管理水平上下工夫。

五是在教育职能上，要与时俱进地以形势任务教育和职工素质培育为先导，在推动职工全面发展、提升综合素质上下力气。

四、深化和发展“四个每一天”工作格局，必须抓重点求创新、求突破

一是在工作格局方面，必须进一步在理论上做到系统化，在工作中做到标准化，在管理上做到体系化，形成相对应的实施细则、评价标准、考核体系，并且根据不同时期的形势与任务，适时进行调整和完善。

二是在不断提高适应能力中求突破。当前国有企业工会工作面临着许多新情况、新问题，工作难度更大，要求更高。只有主动适应市场经济的新要求，主动适应现代企业制度的新要求，不断研究新情况，解决新问题，探索和创造新的途径和方法，立足实际，发挥优势，形成特色，

创造“品牌”，打出“拳头产品”，才能使工会工作在企业大局中有更大的作为，才能永葆国有企业工会工作的生机与活力。

五、深化和发展“四个每一天”工作格局，必须扎根于基层

工会必须把工作重点放到车间、班组，把广大会员群众吸引和凝聚在自己的周围，在增强基层工作活力、促进企业管理等方面发挥积极作用。要注重工会领导机关工作转型和作风转变，增强服务会员和职工能力的实效，形成和完善工会工作向下延伸的工作机制。

六、深化和发展“四个每一天”工作格局，必须契合党政要求和职工的共同期盼

“十一五”以来，武钢不断加大改革力度，加快发展步伐，企业的经济成分、组织形式、经营方式、管理模式、劳动关系、职工队伍状况等发生了深刻变化。“四个每一天”工作格局及其实践，适应了新形势下党对工会组织提出的期望和要求；适应了武钢实现“一大目标、三个转变、五项理念”的要求；适应了劳动关系新变化和维护职工权益的新要求；指明了新形势下武钢工会工作的基本任务、工作重点和创新途径，具有鲜明的武钢特色。实践“四个每一天”工作格局，对基层工会全面、深刻理解和履行工会四项职能，起到良好的促进作用。按照“四个每一天”格局开展工作，目标明确，思路清晰，工作易于部署落实，充分体现了新形势下工会工作的前进方向。同时，也进一步丰富了党委工作思路和内容，为武钢全面推进第三次创

业，实现科学发展打下了坚实的思想基础。

七、深化和发展“四个每一天”工作格局，必须高度重视工会干部队伍建设

工会组织的创造活力往往是通过工会干部的创造活力体现出来的。因此，增强国有企业工会组织的创造活力，关键是要增强工会干部的创造素质和能力，核心是要提高工会干部、特别是工会领导干部做群众工作的素质和能力，着力解决好有些工会干部不会作为、不愿作为、不敢作为的“三不”问题，努力造就政治上靠得住、工作上有本事、民主作风好、职工群众信赖的工会干部队伍。

第六节　“四个每一天”工会工作格局的启示

“四个每一天”工会工作，既要与党政中心工作无缝对接，又要切实维护职工利益，还要对工会自身负责，工作内容多、服务对象广。要认清和处理好各种错综复杂的问题，切实履行好工会职能，明确和处理好以下几个关系至关紧要。

一、正确认清“四个每一天”工作格局与中国工会职能、武钢党建理论体系的关系

武钢工会构建的“四个每一天”工作格局，不是脱离中国工会属性和公司党建理论另搞一套，也不是搞新花样，而是有实质内涵和工作内容的，是与中国工会职能紧密衔

接的，是中国特色社会主义工会发展道路在武钢的深化和具体实践，也是与武钢党建思想一脉相承的，是武钢党建理论体系的重要组成部分。

从工会属性看，“四个每一天”是在认真理解中国工会维护、建设、教育、参与四项基本职能的基础上，结合武钢的工作实情进行了合理分解和有机整合后的生动实践，得到了各级党政和广大会员职工的充分认可，应当说，“四个每一天”是充满生命力的。从武钢党建指导思想看，“四个每一天”是在认真领会“围绕中心、服务大局、维护稳定、促进发展”总的指导思想的基础上，形成的工作理念和工作格局，并丰富了党建理论体系，打牢了党政推进科学发展事业的群众基础。

二、正确认清党的领导与工会独立自主开展工作的关系

工会是党领导下的职工群众组织。这是工会立身的基本原则，无论何时何地都来不得半点含糊。党的领导是工会及工会工作的政治方向和基本原则，工会必须在思想上、政治上、行动上与党组织保持高度一致，工会全盘工作必须在党的方针指引下思考、布局、开展。同时，工会又是职工自愿结合的群众组织，拥有自己的章程，依照《工会法》开展工作，必须体现自己的特点和优势，才能更好地发挥作用。因此，工会要处理好党的领导和独立自主开展工作的关系，既坚持党的领导的大方向，又充分展现工会特点，融入中心，服务大局，切实履行好基本职责，才能实现二者协调统一，“四个每一天”工作格局才能凸显更大作用。

三、正确认清“有位”与“有为”的关系

这是一个老生常谈的话题，对新时期工会组织来说，也是必须常谈的话题。

所谓“有为”就是有所作为、有所建树；“有位”就是所处的位置、地位。二者含义不同，但始终相互依存、相互联系、相互作用。中国工会是国家政权的重要社会支柱。国有企业工会和行政、党组织是并驾齐驱的“三驾马车”，共同推动企业科学发展。这说明，工会组织和行政组织从事的工作性质、对象和内容虽有差异，但是工会工作和其他工作一样重要，来不得半点轻视和马虎。对于工会组织来说，更多地应当从“有为”的角度统一认识、思考对策、坚决行动。在企业劳动关系更加复杂化的今天，在武钢深化改革、加快发展的新时期，各种深层矛盾进一步凸显，各种新的利益诉求不断出现，工会的责任和使命更加光荣。工会工作不仅是企业和职工的需要，还是维护国家安定团结大局的政治需要，工会工作大有可为，大有作为。这就要求工会把“有为”置于“有位”之前，把“四个每一天”落到实处，以更高的标准、更优的服务、更好的形象发挥更大的作为，在党政和职工群众心目赢得真正的位置。

四、正确处理“两个维护”的关系

武钢是社会主义国有企业，职工和企业是劳动关系中的矛盾统一体和利益共同体。从根本上讲，企业的总体利益和职工的根本利益是一致的，但在具体利益上有时又是矛盾的。职工的具体利益依附于企业的总体利益，没有企业的总体利益，职工具体利益无从谈起。同时，职工是企

业的主人，没有职工的凝聚力和创造劳动，企业就不能很好地生存和发展。因此，工会要充分发挥自身独特优势，担当好“双面”角色，主动、依法、科学维权，实现“促进武钢科学发展”和“维护职工合法权益”的有机结合。一方面，从维护武钢总体利益的角度出发，教育引导职工立足岗位干好每一天，争创一流业绩。另一方面，从维护职工合法权益的角度出发，加强与行政的协作和协商，让企业关爱职工每一天，让职工快乐每一天，不断发展和谐的劳动关系，不断增强职工幸福感。

五、正确处理继承与创新的关系

继承不是照搬照抄，而是合理地取舍。创新不是抛离传统另起炉灶，而是对事物“阳光的一面”发扬光大。继承是创新的基础，创新是继承的发展。二者是对立统一的辩证关系，外在表现为继承—创新—再继承的循环关系，推动事物不断前进和发展。“四个每一天”工作格局是武钢工会 50 多年经验的精华和集体智慧的结晶，作为一个已经固化下来的工作格局，其精髓部分应当保持一定的长期性和稳定性。当前最主要的是要在“规范、深化、务实、创新”上下工夫、抓落实，不断完善和发展“四个每一天”工作格局，使其永葆生机和活力。

六、正确处理“普及”与“惠及”的关系

“职工之立场，和谐之目标，工会之所能”是武钢每个工会组织和工会干部秉持的基本准则。工会是职工之家，工会工作和服务对象是全体会员职工，很多工作或活动应以普及为方法和手段，以惠及为目标，从最广大职工的所

需、所盼、所求中谋划和落实，让最广大的职工在参与工会活动中、在感受工会工作中得到实实在在的益处和收获。例如，武钢工会开展的“降本创效双百明星”活动、重疾互助活动、精神文化活动等，强调职工的参与率、普及面，这种工作思路、方法和效果比较好。工会的工作及组织开展的各种活动，只有靠近、紧贴、深入到最广大职工中，惠及最广大职工，才能赢得广大职工真正的信赖，才能不断促进和谐劳动关系的建立与发展。

本章阐述的内容，构成了武钢工会“四个每一天”工作格局的基本框架和体系。随着更加深入的实践，“四个每一天”工作格局将会不断得到深化和发展。以下，本书将分四个章节对“四个每一天”工作格局进行具体阐述，并撷取一些重点工作及实践予以印证，力求清晰化、系统化，供武钢各级工会和工会干部学习掌握。

第二章　组织职工干好每一天，促进武钢科学发展

ZU ZHI ZHI GONG GAN HAO MEI YI TIAN CU JIN WU GANG KE XUE FA ZHAN

“组织职工干好每一天”，是工会服务企业生产经营和改革发展的一项重要任务。多年来，在公司党委和上级工会的正确领导下，在行政的大力支持下，武钢工会创造性地推行了“四个每一天”工作格局，各级工会不断开拓群众性经济技术创新活动新途径，并以此为“组织职工干好每一天”的核心内容，在实践中逐步搭建和完善了“个百千万”劳动竞赛、“降本创效双百明星”活动、班组降成本模式等创效途径，职工自主管理小组、职工技运会、技师带徒与拜师学艺、劳模引领作用等素质提升途径，在建设创新型企业、战胜金融危机特殊困难、推动企业第三次创业等方面发挥了重要作用。2005 年以来，工会组织的群众性经济技术创新工程，创造直接和间接经济效益几十亿元，为企业科学发展做出了重要贡献。

“组织职工干好每一天”，不仅是武钢工会工作融入企业生产经营、服务企业发展第一要务的工作理念和指导思想，而且是工会工作推动实现职工与企业同步发展，共享改革成果的主要手段和重要途径。“组织职工干好每一天”，始终坚持了“发展决定一切、创新才有出路”的指导思想，促进了群众性经济技术工作不断适应变化的环境，推陈出

新，与时俱进，在创新中完善举措，在完善中提升成效。

特别是2008年国际金融危机爆发以来，武钢各级工会坚定不移地贯彻落实企业应对危机的生产经营方针，紧紧依靠职工，积极应对严峻形势带来的特殊困难，大力完善群众性经济技术活动运行机制，适时调整工作思维和作用，以时间观念超常规、转变作风超常规、发动职工超常规、组织工作超常规、竞赛举措超常规、激励保障超常规的“六超常规”举措，充分动员组织广大职工迎难而上，奋力拼搏，大力开展各种形式的降本增效活动，最大限度地凝聚了职工的智慧和力量，激发了广大职工的创造热情，为职工施展才干提供了广阔的舞台，为企业战胜金融危机影响带来的特殊困难，确保生产经营大局和企业稳定，完成全年生产经营目标做出了显著贡献。

第一节　唱响“工人伟大，劳动光荣”主旋律

广大职工是建设武钢、推动发展、维护和谐的主力军和中坚力量。近几年来，武钢工会大力弘扬工人阶级伟大品格和劳模精神，广角度、全方位、多形式地唱响“工人伟大，劳动光荣”主旋律，充分焕发职工主人翁自豪感、责任感和创业创新热情，为武钢全面推进第三次创业、努力实现科学发展不断注入强大的精神动力。

一、营造“工人伟大，劳动光荣”的舆论环境

2005年以来，武钢工会广泛开展不同主题的形势任务

教育活动。在系列形势任务教育活动中，充分运用厂情通报会、座谈会、劳模事迹宣传、车体流动宣传、板报橱窗、报刊电视、广告牌、岗位格言征集等各种形式，依托《武钢工会》、《班组学习》和武钢工会网站等载体，广泛宣传“干主人事、尽主人责，立足岗位尽职敬业，提高执行力和工作质量效率”的先进典型事迹。通过开展“感恩武钢、忠诚武钢、奉献武钢”征文和巡回演讲活动，使主题教育活动更加生动和具体。1000余名职工以自己的亲身经历和不懈奋斗以及深刻的感悟，讲述身边平凡事，感染身边人，传播武钢核心价值理念，争做感恩、忠诚、奉献的优秀职工。近几年来，武钢工会以“爱党、爱国、爱厂、爱岗”为主线，通过美文诵读等形式，组织了“创业颂”武钢职工讲诵会，通过诗词朗诵、故事讲述，讴歌武钢改革发展的崭新成就和光明前景，讴歌创业实践中的英雄武钢人，极大地凝聚了职工力量和智慧。

二、讴歌“工人伟大，劳动光荣”的杰出代表

劳模是企业的精英。他们的先进事迹、优秀品质和崇高精神，鼓舞和激励了一代又一代武钢人为企业的发展壮大而拼搏奉献。他们的伟大品格和实际行动充分阐释了“工人伟大，劳动光荣”的真谛。2005年以来，武钢为劳模披红戴花、树碑立传，把他们的事迹在报纸头版登载，在电视上转播、把他们请上主席台、给他们发金牌、奖汽车、做宣传月、请他们表演节目、给他们办保险、带他们游欧美，使劳模们真真切切地感到：劳模光荣、责任重大，广大职工也实实在在地体会到：劳模最崇高，劳动最光荣。武钢工会还不断加大劳模宣传力度，在省市以上媒体宣传

全国劳模刘幼生、毛炯辉、马江生、孔君华等为代表的武钢劳模100余人次，其中《工人日报》头版头条刊发了中央企业劳模朱有发事迹的长篇通讯《用心才能把事做好》，同时配发署名评论《幸福是支感恩的歌》，在全国产生良好反响；在《中国冶金报》组织刊发了武钢重点劳模事迹专版，以《工人伟大，劳动光荣：武钢劳模事迹掠影》为题，整版刊登了武钢17名劳模的先进事迹。

三、丰富“工人伟大，劳动光荣”的内涵

一是通过组织“万名职工签名，争做文明武钢人”活动、评选“感动武钢十大人物”、争当工人先锋号、社区志愿服务、印发《员工行为手册》等活动和载体，教育和引导职工明辨是非曲直、善恶美丑，从我做起，从小处做起，把岗位上的事当作家里的事来做，进一步丰富了“工人伟大，劳动光荣”主旋律的内涵。

二是实施职工素质提升工程。武钢工会始终把提高职工综合素质作为一项重要工作来抓，广泛深入开展了职工自学成才活动和“创建学习型企业，争做知识型职工”活动。建立健全规范的制度体系、全面的保障机制、多样的激励机制和持久的教育培训机制，督促落实每年2亿元教育经费，启动实施“万名学习型职工、千项学习创新成果、百个学习型班组（团队）、十佳知识型职工标兵”计划，通过完善《“创争”考评体系》，做好职工技能培训，培育知识型职工，打造职能型班组（科室），一大批学习型班组（科室）和知识型职工涌现出来，武钢职工知识化进程不断加快。在此期间，武钢荣获了全国“创争”活动示范单位荣誉称号，武钢创建学习型组织的经验和做法多次在全国、省市交流。

三是以读书小组、拜师学艺、技能比武活动等为抓手，推动职工形成全员学习的热潮，开展评选优秀班组文化理念、愿景等活动，着力推进“工人先锋号”和“五型班组”创建活动。在武钢工人科技园的引领下，武钢数十个以工人技师名字命名的“蓝领工作室”、工人技师活动室，制定了“周有创新课题、月有创新成果、季有成果转化、年有发明金奖”的工作目标，广大操作技能工人干在岗位、学在岗位、练在岗位、奉献在岗位、成才在岗位。

第二节　深化“个百千万”劳动竞赛

2005年以来，武钢处于一个钢铁行业产能膨胀、原燃料价格大幅上涨、钢材价格大幅下滑、国际金融危机影响严重、市场竞争更趋激烈的特殊时期。面对严峻形势的巨大挑战，武钢工会坚持在群众性经济创新实践中主动作为，努力打造特色和亮点，不断适应形势的变化，始终把增强企业市场竞争力和提高企业效益作为主攻方向，以为企业排忧解难为己任，组织广大职工持续开展了向细微处要效益的“六个一”活动；紧紧围绕生产经营的关键点，开展大规模、多项目、广范围、高难度的百项重点劳动竞赛；以企业生产经营薄弱环节为主攻方向，以车间班组职工为主攻手，开展千项技术攻关和万条合理化建议活动。广泛、深入、持久开展“个百千万”劳动竞赛，在保企业主要经营重点、破难点、补弱点、扩大新的经济增长点上发挥了重要作用，实现了工会建设职能与企业生产经营的有机融合。

一、从点滴做起的“六个一”节约活动

不积跬步，无以至千里；不积小流，无以成江河。“六个一”，即“六个一”节约活动，有具体所指的“节约一度电、一滴水、一滴油、一块布、一斤煤、一张纸”，更强调广大职工增强节约意识，树立节约就是效益的观念，要以自觉的意识增强节约意识，做到从方方面面、点点滴滴节约，为建设节约型企业做贡献。

武钢工会持续开展“六个一”节约活动以来，基本消除了职工中存在的“家大业大浪费点没啥”的思想，养成了向细微处要效益的节约习惯。每年，武钢工会“六个一”“捡芝麻”活动立项1000余个，积聚的直接和间接经济效益数千万元。

该项活动实施要点主要有四个方面。

（一）定责、定岗、定目标

武钢工会通过下发指导性文件，对各级工会提出明确的指导思想、目标、责任，以及开展活动的指导意见。各基层工会根据本单位实际，提出具体节约指标，层层分解到车间、工段、班组，细化到岗位，形成“节约重担众人挑，车间班组有目标，职工人人有指标”的局面。最终做到了班班有台账有计划，人人有指标有考核的局面。

（二）与班组建设等活动有机结合

武钢工会把“六个一”活动贯穿于班组建设的始终，以活动为契机和平台，积极打造节约型班组，努力培养节

约型班组文化，促进形成班组精细化管理习惯，并推进班组合理化建议活动、自主管理小组活动、技术攻关活动。

（三）延伸“六个一”活动的内涵和外延

各基层单位立足自身特点，结合实际创新思路，不断延伸“六个一”活动的内涵和外延。例如，武钢大冶铁矿在全矿范围内开展了“每人每天节约一元钱”的竞赛活动，实现年度“双增双节”数百万元；武钢港务公司通过开展节约每一粒矿活动，节约数万吨铁矿。

（四）发挥激励引导作用

武钢工会每年评选表彰一批基层“节约型标杆单位”、“星级节约型班组”、“十佳节约王”、“成本节约明星”、“节约能手”、“节约王”等，极大地调动了广大职工参与活动的积极性。“六个一”项目年平均量达1000余项，年平均节约成本数千万元。

二、服务大局的百项劳动竞赛

“百”，即“百项重点”劳动竞赛。百项重点劳动竞赛是武钢工会实施经济技术创新工程以来，围绕生产经营中的关键点和重点，开展的总体规模最大、项目最多、范围最广、难度最大、参赛职工最多的劳动竞赛，每年创效数亿元，为完成武钢年度生产经营任务发挥了重要作用。

该项竞赛实施要点主要有五个方面。

（一）增强竞赛的针对性和时效性

其指导思想是按照优化投入产出的思路组织和发动全员参与重点劳动竞赛，所有竞赛项目立项必须围绕武钢当年生产经营的重点，通过专家认证后实施，而且主动及时适应瞬息万变的市场，适时调整重点项目。简言之，制约生产经营的瓶颈、能够产生大效益的项目就是劳动竞赛的重点。

（二）分层竞赛，互为推动

主要分为三个层次：

纳入公司级直接管理的第一层次劳动竞赛项目，是关乎武钢整体发展大局的重中之重，除了按计划推进的重点工程新项目以外，必须确保全面完成。第一层次竞赛平均年创效亿元以上。

第二层次劳动竞赛是二级单位开展的专项竞赛，例如“十大精品竞赛”、“提升营销功能竞赛”、“能源介质和设备保障竞赛”、“新产品开发竞赛”、“对标挖潜创新竞赛”等，年平均创效亿元以上。

第三层次劳动竞赛主要是二级单位、三级单位结合自身实际开展的小型多样，“短、平、快”的劳动竞赛。

各层次劳动竞赛互保互动，形成了横向到边、纵向到底的竞赛格局。

（三）以扎实举措保落实

百项重点竞赛年年有主题、有方案、有配套措施，做到服从服务大局，与行政目标同向，与行政措施同举，与行政步伐同步。特别是在金融危机形势下，各级工会采取了一系列超常举措保落实。例如，针对生产经营的瓶颈、薄弱环节和阶段性重点，不失时机地组织开展了“优质保供”等专项立功竞赛40多项，创直接和间接经济效益数亿元。武钢工会将立功贺信送到厂矿、车间、岗位和家庭，极大地鼓舞了职工竞赛热情。武钢工会还对所有劳动竞赛项目进行全过程管理，实行进度看板管理，并通过誓师大会、推进大会、情况通报会、劳动竞赛简报、跟班蹲点指导、动态评价等方式，使劳动竞赛深入车间班组，深入人心。

（四）以创新方式保实效

适时开展工序之间、产线之间、班组之间、岗位之间的“擂台赛”，形成“班班有竞争、人人争标杆”的竞赛氛围。

适时开展专项立功竞赛，集中力量快速解决突发的瓶颈问题。例如，开展“指标创一流”、“提高冷轧产品盈利能力”等专项竞赛，促使 5 项经济技术指标达国内一流水平，2 项达国际一流水平。

适时开展“现场火线立功”竞赛。在金融危机影响的严峻形势下，适者生存的规律要求竞赛突出“短、平、快”特色，快速生产市场急需产品。工会系统通过火线立功方式，有功即授，立功必送，极大地调动现场职工生产积极性，适应了生产经营计划的动态调整。

（五）提高宣传力度

一是各类媒体宣传到位。通过在各类媒体开辟专栏，展示劳动竞赛成果，报道劳动竞赛典型，调动职工参赛热情。

二是现场激励到位。基层工会因地制宜设立现场竞赛宣传看板、指标分解榜、达标排行榜、明星展示榜、奖励公示榜等，努力增强一线职工“勇争一流”的参赛意识。

三是劳动竞赛典型的示范效果到位。每年每次选树的劳动竞赛典型人物，不仅自己更加积极地参与劳动竞赛，还现身说法，主动、自觉地影响身边人、带动身边人一起“干好每一天”。

目前，武钢工会百项重点劳动竞赛已逐步实现了活动重点由单纯追求规模产量向追求经济质量转变；运行方式由自上而下的分级管理，向上下结合，专业参与，共同开展转变；组织形式由工会独家发动向联合二级行政和机关综合处室、专业部门联手运作转变；奖励由分散向突出重点转变。

三、解决生产经营难点的现场千项技术攻关活动

“千”，即现场千项技术攻关活动，是指以车间、班组技能职工为主攻手，围绕生产现场中的重点、难点和薄弱点，开展的技术攻关、技术革新活动。

武钢工会系统开展千项技术攻关活动以来，年均立项1000余个，解决了许多产品质量、技术工艺、设备故障等制约生产的问题，年均创直接和间接经济效益数千万元，成为武钢技术进步和提升创新能力的重要手段。

该项活动实施要点主要有四个方面。

（一）建立协作机制

通过立项定责，积极争取发挥班组长联谊会、劳模联谊会、技师协会等有关部门的协助作用，保证攻关项目的顺利进行。

（二）完善推进机制

首先建立征题、选题、立题的质量保证体系，组织专家认证、评估，确保立项课题的可行性，为攻关顺行奠定基础。其次建立过程控制机制，实施跟踪管理和服务，为攻关顺行保驾护航。最后组织专家评审验收，计算经济效益，及时发布表彰，引导活动深入持续开展。

（三）打造攻关活动先锋团队

要求作为攻关先锋团队主要成员的劳模和技师每年必须有立项，班组长和骨干必须以自主管理小组活动等各种形式积极带头参与技术攻关，将自主管理小组活动、先进操作法、合理化建议等融合起来。合理化建议采纳后可成为攻关项目立项，通过组建自主管理小组开展攻关，好的攻关项目可以纳入先进操作法。

（四）发动指导到一线

各级工会组织做到组织发动到一线，深入推进到一线，指导帮助到一线，服务解难到一线。各级工会组织做到自上而下层层发动和现场指导。

武钢工会开展群众性现场千项技术攻关活动，为职工技术创新搭建了平台，已成为推动武钢技术进步和提升创新能力的重要手段。在武钢工会举办的工人千项技术攻关成果展览期间，武钢全体领导以及6000多名职工群众参观了展览，调动和激发了广大职工技术攻关的热情。

四、以专题形式突出万条合理化建议活动的有效性

“万”，即万条合理化建议活动，指发动全体职工提合理化建议。

武钢工会每年都广泛动员职工围绕改进和完善生产技术和经营管理方面提建议、想办法、定措施，把畅通合理化建议渠道，作为服务大局和提高企业管理水平及经济效益的重要任务。职工平均参与率达到了80%以上，年平均提合理化建议3万余条，行政采纳1万余条，创直接和间接经济效益千万元以上。

该项活动实施要点主要有三个方面。

（一）合理化建议活动与武钢生产经营实际接轨

近几年来，武钢工会系统注重围绕公司生产经营阶段性特点，针对行政安全月、质量月、节能减排周等各项活动，组织专题合理化建议月活动，让职工围绕武钢当务之急，在自己最熟悉、最了解、最擅长的工作实践中发挥想象力和创造力。工会先后组织了以“居危思危，争做主人，创新创效”为主题的合理化建议月活动；以“创优质、降成本、抓技术、促营销、保安全、强管理”等为重要课题的合理化建议活动；联合有关部门开展“建立安全环保长效机制，构建平安健康和谐企业”合理化建议活动；“能源，和谐，发展”和“创新提升质量，名牌促进发展”合理化建议活动。2008年，武钢有7项节能降耗建议成功入围全总“全国职工节能降耗千项合理化建议评选”。

（二）管理方式常创常新

武钢工会制定了“武钢职工创造合理化建议‘金点子’活动管理程序文件”，为基层工会开展活动从定义、管理职责、活动流程、评价标准、成果申报各个方面提供了明确指导。“合理化建议项目责任书”、“合理化建议金点子”、“合理化建议项目招标”在基层广泛应用。2012年，进一步提出了合理化建议活动分层管控模式，按照“五星级”标准对建议进行认定，做到了月月有建议，季季有表彰，推动了长效机制建设。

（三）坚持开展“金点子”评审表彰活动

武钢工会把合理化建议列入考核范围，鼓励职工提出更多有针对性、有深度的合理化建议。公司每年评选一批合理化建议“金点子”，在武钢科技工作大会上表彰并给予重奖，极大地调动和激发了职工当家做主、创新劳动的积极性和创造性。

武钢工会不断拓展以“个百千万”劳动竞赛为主要内容的群众性经济技术创新工程的工作实践，在应对国际金融危机冲击的特殊困难形势下，最大限度地调动和发挥了广大职工“当好主力军，干好每一天”的积极性和创造性，也充分展示了工会的作为，为武钢创造了难得的财富和价值。

第三节　开展“降本创效双百明星”活动

国际金融危机爆发以来，我国钢铁行业受国家宏观政策调控影响，面临需求萎缩压力，资源、能源价格上涨成本压力等，市场竞争激烈，企业效益和利润持续下滑，亏损企业越来越多。在极为严峻的困难情况下，武钢以强化管理，增强内功渡过难关。武钢工会主动为企业生产经营分忧解难，把降本创效作为特殊时期工会融入中心、服务大局的重中之重工作来抓，号召职工眼睛向内找差距、紧盯成本要效益，着力开展“降本创效双百明星”活动，为武钢守住阵地、逆境崛起争做贡献。

该项活动实施要点有四个方面。

一、建立工会干部基层联系点制度

为扎实推进“降本创效双百明星”活动，及时掌握活动进度和动态，深入推进“降本创效双百明星”活动，武钢工会建立工会系统干部联系点48个，对基层“降本创效双百明星”活动加强指导。工会领导及相关部门负责人每月都要深入基层车间班组开展调研，对“双百明星”活动的具体落实情况实地了解，协助解决基层遇到的困难，完善降本创效的保障措施，总结探索降本创效活动的经验，并形成专题汇报。

二、广角度宣传，全方位营造氛围

为把“降本创效双百明星”活动推向深入，武钢工会广角度、长时间、全方位地开展宣传工作，力求让最广大的职工参与进来。先后在《武钢工人报》开辟“降本创效在班组”专栏，在武钢电视台开辟《降本创效在行动》专栏，在武钢局域网、《班组学习》等媒介上广泛宣传和推广班组降本创效的经验及做法。基层工会充分运用职工代表座谈会、班组长联谊会、班前会等活动载体，发挥舆论引导作用，在职工中营造“争当明星、人人献计、班班创效”的良好氛围。武钢工会还召开“降本创效双百明星表彰暨降本创效活动推进会”，编发《武钢职工降本创效模式选编》《武钢降本创效明星风采录》等文集，总结推广班组职工在降本创效活动中的先进事迹和优秀成果，展示班组职工主人翁风采和不平凡的创新业绩。

三、把降本创效活动的着力点放在基层

各级工会结合实际，制定本单位“降本创效双百明星”活动方案和文件，突出本单位特色，并把它作为贯穿全年工会工作的第一要务来抓。将“争当降本创效双百明星”及“创建班组降本创效最佳模式”活动与本单位创建“金牌团队”活动结合起来，促进生产经营顺行；开展签订《降本创效责任书》的活动，把降本创效指标精确到每个职工，形成人人身上有压力的竞赛氛围。集团公司和武钢股份联合开展“应对危机促生产，降本创效保目标”为主题的特殊时期立功竞赛活动，促进了武钢股份降本创效 52 项措施的落实。

四、以全新的激励形式调动职工全员参与的积极性

武钢工会遵循自下而上、层层评选推荐的原则，每季度选树一批“降本创效明星班组”及“降本创效明星个人”。“双百明星”评选体现公正、公平、公开的原则，每个“双百明星”都经历了单位推荐、公司相关专家评审、现场复审和报纸公示等程序。武钢工会在相关文件中确定10 大评比条件，突出评比的规范性，还组织当选的“明星个人”赴港澳旅游、“明星班组”代表赴北戴河疗养，切实体现劳有所得、劳有所获、劳有所乐，实现有尊严劳动，从而促进形成了全员、全过程、全面抓成本的良好局面。

第四节　探索班组成本管理模式

企业生产经营的各项目标和措施最终要落到班组去推进和实现。建好了班组，也就夯实了企业发展的根基。2005年以来，武钢工会积极倡导“把岗位上的事当作家里事来做”的班组文化理念，不断优化班组精细化管理模式，夯实班组建设基础，促进提高职工队伍素质。特别是近几年面对钢铁行业原材料价格高位运行、钢铁产能过剩、市场需求不足、竞争压力增大的特殊困难，武钢工会积极探索班组成本控制的新途径，不断完善班组成本控制模式，促进武钢成本指标的持续优化，有力推动了武钢生产经营平稳顺行。

该项工作实施要点有两个方面。

一、开展全员创建“班组成本控制（核算）最佳模式”活动

首先，面对原材料、能源价格持续上涨带来的巨大成本压力，武钢工会以加强班组成本控制为突破口，全面开展创建“班组成本控制（核算）最佳模式”活动。

武钢工会下发《关于开展班组成本控制（核算）最佳模式总结评选活动的通知》，各基层单位成立厂、车间、工段（班组）三级联动的成本控制小组，成员对应到岗、职责细化到人，层层抓降成本目标落实。

其次，武钢工会通过征集和评选班组成本控制模式活

动，收集班组成本控制模式 57 个，评选出优秀班组成本控制模式 23 个，编辑了《武钢职工降本创效模式选编》，下发到武钢所有班组组织学习。

再次，武钢工会在不断强化班组成本控制模式管理过程中，还及时总结宣传活动中涌现出的先进典型。通过召集降本创效明星个人代表“讲成绩、讲体会、讲打算”，增强班组职工降本创效责任意识。

武钢近 9000 个班组，工作性质各不相同，有连续作业生产型班组、连续作业辅助型班组、后勤服务型班组、科研型班组等。各类型班组通过在实践中不断摸索，先后总结出了班组成本日清日结法、指标分解法、成本货币化管理法、成本倒逼法、成本定额管理法、数据精控法、目标推进法等 10 余种班组成本控制模式。工会将其作为先进典型全面推广应用后，起到了良好的典型示范作用。

武钢工会通过全面建立班组成本控制模式，进一步培养了广大班组职工关注成本、节约成本的意识，把职工个人行为提升到班组整体行动，使广大基层班组“推墙入海”，走向市场，增强了班组的市场竞争意识和整体业务能力。

二、引导职工树立“干什么、管什么、算什么”的成本管控思路

基层班组按照“干什么、管什么、算什么”的思路，认真分析班组生产成本的构成，确定影响成本管控的主要因素，制定实施对策和降成本目标，努力实现班组成本科学管控。

首先做到统筹规划。班组确定详细的成本控制（核算）

工作计划后，将成本管控项目工序化，实施措施具体化，考核标准量化，考核责任个体化。

其次做到精细化管理。通过不断完善班组成本控制（核算）活动记录和各类台账，逐步实现企业生产、安全、质量、设备等管理精细化。工会小组长担任兼职班组成本核算员，每月对班组成本消耗情况进行核算，在《班组成本管理公示榜》上公示。班组长坚持量化管理，对日常生产操作要点进行科学归纳，形成各具特色的降本创效成本管理模式。

班组成本控制是一项长期而又繁杂的工作，需要加强日常管理，完善评价、交流、激励等制度，通过进一步搭建平台、营造环境、逐步形成长效机制，才能推动形成更有效的班组成本控制（核算）最佳模式。

第五节　推进职工自主管理小组活动

推行全面质量管理，走质量效益型发展道路，是武钢始终坚持的发展模式。职工自主管理小组活动是走质量效益型发展道路最基层、最具体的体现。

武钢积极贯彻中国质量协会工作指导精神，结合自身实际，把质量管理小组活动定义为“自主管理小组活动”，明确工会为活动的组织管理部门。武钢是国内“工会主抓”质量管理小组活动的极少数企业之一。工会始终坚持“年年有活动，年年有硕果，年年有提升”的指导思想，摸索出一套符合企业特点的自主管理小组管理方式，创造性地将自主管理小组活动转化为大力发扬工人阶级主人翁精神，推动广大职工积极参与企业经营管理、科技创新和质量提升的重要组织形式，促进自主管理小组活动获得长足发展，彰显出旺盛的生命力。

一、加强领导，规范推进

武钢各级领导历来高度重视自主管理小组活动，在具体工作中和政策上给予活动大力支持；同时，各基层单位积极贯彻落实，为自主管理小组活动的健康发展奠定了坚实的基础。实施要点如下：

（一）形成有效推进的工作格局

为了把自主管理小组活动不断引向深入，武钢坚持与时俱进，根据企业实际，建立了自主管理小组活动推进委员会，在集团公司层面形成“党委领导、行政支持、工会主抓、部门协作”的工作格局，所属各单位成立以党委、行政和工会领导为主要负责人的自主管理小组活动推进委员会，单位内部又形成车间、工段、班组自主管理小组承接网络，由此形成自上而下的自主管理小组活动推进组织。在集团公司“工会主抓”下，全公司 80 多个厂级工会组织，统一指挥，有效运作，有力执行，确保自主管理小组活动各项工作落到实处。

（二）健全制度，有章可循

工作制度化、规范化是武钢自主管理小组活动得以持久、扎实、有效地开展的强有力保证。武钢先后建立健全了《武汉钢铁（集团）公司自主管理小组活动管理办法》等一系列规章制度，并把该项活动纳入管理控制程序，使公司的自主管理小组活动的开展有法可依，有章可循。武钢各二级单位根据本单位实际，也都建立了相关制度。

（三）氛围宽松，激发活力

自主管理小组活动有很强的自主性。武钢工会坚持尊重职工意愿，以活动组织者的身份，主要发挥协调、指导、帮助作用。有指导无指令，有重点无定点，有课题无命题，不给基层和职工强加课题和任务，只是阐明武钢的发展思路、战略决策、经营方向和形势任务，结合实际提供相关的参考课题。职工可以根据岗位实际相应选择，或者自主确定活动课题。这种高度自主的活动方式，极大地激发了职工的积极性和创造性。

二、科学管理，提升水平

武钢依托工会独特的组织优势，以自主管理小组活动为重要载体，切实将职工的主动性、积极性和首创精神引导到企业生产经营主战场，以活动的实际成效，推动武钢的科学发展。

（一）强化培训，提升技能

自主管理小组活动有标准、讲规范，有相对统一的运作模式，并长期坚持标准化培训。武钢工会每年举办自主管理小组成员知识培训班，选派成员参加中国质量协会专业培训、省质量协会专业培训，并取得相应诊断师资格。二级单位每年都举办自主管理小组成员培训班，年均培训5000人以上。

（二）合理部署，注重实效

武钢工会非常注重自主管理小组活动的合理部署和

落实。

首先，各级工会结合本单位生产经营目标确定自主管理小组活动内容，组织职工针对身边共同关心的问题，选定课题，运用 PDCA 循环，不断提高小组活动水平，实现课题攻关目标。

其次，自主管理小组活动与工会开展的“个百千万”活动有机结合，互为推进，有力提升了活动的时效性和实效性。

（三）搭建平台，鞭策激励

武钢工会充分利用小组活动成果发表会这一平台，不断创新活动组织思路和方式，总结推广活动经验。每年组织质量、设备、安全、财务、能源、材料等 10 多个系统的成果发表，展示近百个小组活动成果。同时，始终坚持不断完善有效的激励机制，每年拿出百万元以上资金，用于成果发表和奖励，对有创新、科技含量高、推广价值大的自主管理成果均给予重奖，对转化为先进操作法的成果，以职工姓名给予命名。

三、相互促进，实现双赢

武钢工会通过深入持久地组织成千上万个自主管理小组开展活动，既提高了职工队伍综合素质，实现了职工自我价值，又增强了企业的竞争力，促进了企业效益不断提升，实现了职工与企业的共同发展。

（一）职工增长才干，企业获得效益

职工在开展自主管理小组活动中，学习知识技能，活跃思维，增长才干，增强了岗位竞争能力，提高了职工的业务水平和技术素质，一大批业务技术骨干成长起来。多年来，武钢年均注册自主管理小组 3000 个以上，活动率、普及率、组建率一直稳定在 50% 以上，其中，攻关型和现场型自主管理小组比例在 70% 以上，年均取得经济效益上千万元。

（二）融入班组建设，增强细胞活力

武钢工会将自主管理小组活动有机融入班组建设。武钢班组达标升级、建设职工之家考核标准中规定：凡进入武钢红旗班组、标杆模范职工小家行列的班组，必须有自主管理小组活动成果。近几年来，以班组为主体组建的自主管理小组占小组总数的 53%。例如，武钢硅钢事业部 CT1 班组，把小组活动的科学方法渗透到班组建设中去，班组成员充分应用所学的知识对岗位存在的问题进行分析，抓住关键因素，制定对策措施，解决了生产中的瓶颈问题，各项经济技术指标在全厂名列前茅。该班组因此获得了全国五一劳动奖状。

（三）改善现场管理，优化工作环境

开展自主管理小组活动，大大改善了现场管理，优化了工作环境。武钢金资公司、冶金渣分公司、工业设备修造公司自主管理小组，在承接炼铁厂 1、2 号高炉栈桥除尘工程中，通过努力，使除尘器出口排放粉尘浓度由原来的 2000mg/m^3 降到了 100mg/m^3。近几年来，武钢共有安全课题型小组 1200 多个，设备课题型小组 2300 多个，这些小组的活动成果为安全环保和设备稳定顺行上台阶起到了积极的推动作用。

（四）影响面广，美誉度高

武钢每年组织 30 多个小组参加全国、省、市、冶金行业成果发表会，选派的小组均获一等奖，极大地提高了武钢在该领域的影响力和美誉度。

近年来，武钢有40个自主管理小组获得“全国优秀质量管理小组”称号，11个自主管理小组获得“全国质量信得过班组”称号，45个自主管理小组获得全国“冶金行业优秀小组”称号，100个自主管理小组获得“全省优秀质量管理小组”称号，105个自主管理小组获得“全市优秀质量管理小组”称号。武钢多次被中国质量协会命名为“全国质量管理小组活动优秀企业”。2008年，武钢荣获“全国质量管理小组活动30周年优秀企业特别奖”称号，武钢主要领导被授予“全国质量管理小组活动卓越领导者”、“全国质量管理小组活动30周年个人贡献奖”称号。2012年，武钢被工业和信息化部授予全国“工业企业质量标杆”单位，被中国质量协会授予质量管理小组活动推进质量标杆示范单位。

第六节　举办职工技术运动会

职工技术运动会以技术练兵与比武为主要内容，具有群众性、广泛性，人人学习、岗岗练兵、行行参赛、层层选拔，技术学习和岗位练兵热潮涌现的特点。

职工技术运动会是建设工会大学校、提高职工素质的重要途径，也是群众性经济技术工程的重要内容。武钢是一个工种繁多、工艺复杂、上下工序环环相扣、新技术领域不断创新的特大型钢铁联合企业，因此，在人才培养上面临着全覆盖的特质，特别是在培养知识型、复合型、智能型技能人才上，有着相当大的需求。武钢从20世纪80年代开始，以树立“十名技术大王”和“百名技术能手”起步，每两年一届的职工技术运动会至今已经成功举办了14届，为企业培养了一大批爱岗敬业、技艺精湛，具有专门技能，善于解决技术难题的高素质职工人才，共产生1000多名技术状元，2000多名技术能手。其中，30多名技术状元获全国、省、市、武钢劳模称号，10多人在全国职业技能竞赛中荣获技术状元、多人荣获“全国技术能手”称号。

武钢职工技术运动会已经成为企业认同、职工欢迎的人才工程、民心工程。近几年来，武钢职工技术运动会以武钢中西南发展战略和中长期人才发展规划为引导，不断创新技运会组织形式、努力探讨职工技能水平更快提升的方式、实践组织职工更广泛参与的新方法，形成了一套科学、有序、灵活、高效的运行机制和长效机制。

一、组织形式“多层次”，竞技内容“多工种”，参赛资格“全员化”

比赛工种设置的科学性、广泛性和合理性，是提高职工参与度的重要措施。

首先，武钢职工技术运动会初期仅设置了通用型的工种（即车、钳、铆、电、焊），没有显现钢铁行业特色。在不断实践中，目前已经把铁、钢、轧等主业工种设置进来，并提高主业工种的奖励力度，大大提高了主体厂矿职工的参与度。与此同时，为了体现全覆盖的办赛宗旨，还按劳动强度、创效价值、技术含量、参与程度等条件作为评价标准，对各单位独有的工种，设置为专业工种进行比赛。

公司级比赛工种达到 100 个以上，基本达到了全覆盖的效果，使不同层次不同类型的技术群体涌现出各层次各领域的“领头雁”。这些“领军人物”的出现，是对全体职工多角度、分层次、全方位技术技能水平的检验。只要是本领域、本群体中的佼佼者，就能脱颖而出，成为技术状元和能手。

其次，“打破”了参赛者的身份界限。在武钢的全民合同工、大集体职工、临时劳务工以及农民工，均可参加技术比武。只要是企业的一员，就能成为选手中的一位，并可享受同等待遇。例如，在锻造工比赛中，一名进厂仅两年的农民工一举夺魁，赢得重奖，在职工中引起强烈反响。

二、突出大学习、大培训，把赛前培训作为比赛的基础和先决条件

比赛不是目的，只是大学习、大培训成果的检验。武钢历届职工技术运动会均做到了先培训后开赛，没有经过培训的项目不能开赛，没有参加培训的选手不能参赛。培训内容坚持理论与实际相结合，改变了常规技术比武中重实际轻理论的现象。基层工会不断创新培训方法，有的单位聘请用户技术负责人到现场讲课，使职工贴近市场、明确用户需求。在全面加强各工种系统培训的同时，各级工会积极鼓励、组织职工参加全国举办的各种职业资格考试，并设立自学成才奖，对优秀的自学成才者予以奖励。

三、有针对性地开展跨工种培训，造就复合型技术人才

武钢职工技术运动会针对现场技能工人短缺的实情，从保产保质和市场竞争的战略需求出发，在一线职工中开

展“精一门、会两手、学三招”的一专多能的岗位培训和练兵活动。为了培养复合型人才，还在一些工种的竞赛内容中特意增加了难度。例如，在会计竞赛中加入工业统计，在焊工竞赛中加入铆工的内容，并结合形势，适当加入节能减排、安全环保等内容，对提高职工的综合素质大有裨益。随着现代企业制度的建立，管理和营销摆上企业发展的重要位置。职工技术运动会组委会设置的营销、公文写作等比赛工种，成为管理层职工参赛的热门。武钢第十四届职工技术运动会就有经过层层选拔的418名选手参加了集团公司级公文写作比赛，创下了历届一个工种参赛人数最多的纪录。

在培训上落在实处，武钢所有院校，为培训开绿灯，连双休日都安排职工进行培训，各单位安排教室培训，都要排队候场。各级工会通过组织全方位、多层次的岗位练兵活动，以及采用导师制、师带徒、互帮互学、专家讲课、案例分析等多种促学助学形式，激励职工刻苦学习技术，争当技术尖子，成为复合型人才。原来“一人单传”的带徒模式，变成由群体师傅合带一群徒弟的传帮模式，采用讲课或技术表演的形式传授技艺。各单位将生产经营阶段性重点、难题项目列为岗位练兵和技术比武的项目，使岗位练兵融入生产实践。

四、把职工技术运动会练兵比武与“个百千万”劳动竞赛结合起来，引导职工解决生产技术难题

各级工会把开展岗位技术练兵、技术比武作为生产技术难题攻关、强化成本控制、提高产品实物质量、降低物质消耗的有力形式，把技术攻关项目、合理化建议、自主

创新课题的实施融入岗位练兵、技术比武的内容和目标中，使技术运动会成为职工为企业排忧解难、建功立业的重要阵地之一。同时，职工技术运动会使职工养成了自觉钻研技术、小改小革以及提合理化建议的行为习惯。为了把岗位练兵落到实处，在基层车间，练兵与“优化指标，争创第一”的劳动竞赛结合在一起，练兵与“竞争上岗，优者晋级，尾者降档”的岗位竞争结合在一起，把“要我练”变成了“我要练”。

五、严格考务工作，制定评先争优的“倾斜”激励政策

考务工作是举办职工技术运动会的关键环节。考务工作的严格和创新，使职工技术运动会的举办水平不断得到提高。

1. 邀请专家根据国家技能标准和专业书籍的范畴，编写“技术文件”和“竞赛大纲”，使参赛选手练有目标，赛有规范，提高了比赛的竞争性。

2. 设立“题库”，将征集到的理论考试和实际操作的比赛内容标准化、试题化，供选手学习、培训、参考，提高了选手练兵的热情和对比赛的认识。

3. 理论考试无纸化。选手参加理论考试使用计算机进行答题，当场答题当场出结果，体现了公平、公正、公开的原则，也节约了大量人力、物力、财力，避免了误判的后果。

4. 不断加大激励力度。职工技术运动会产生的技术状元和能手，在岗薪评定时可优先考虑增长，劳模标兵评选可优先考虑。凡理论考试和实际操作比赛双合格的参赛选手可晋升高级技工，凡公司级主业、通用工种的技术状元，破格晋升为工人技师，已获工人技师等级的可不参加考试直接进行高级技师论文答辩。在全国、行业、省、市技能竞赛中获状元者，可直接晋升为高一级技师的资格。

职工技术运动会作为武钢职工大学习、大培训的大舞台，既是广大职工岗位练兵的主战场、职工职业生涯中的加油站和发动机，又是职工经济技术创新活动的有效阵地，有力促进了武钢生产经营目标的实现。

第七节 组织技师带徒与拜师学艺

近几年来，武钢先后重组了鄂钢、昆钢和柳钢。工会适时提出了重组企业之间要实现和谐发展，必须进行文化、管理、技术融合的要求。尤其是在技术融合方面，要通过一种有效的载体，把重组企业职工之间的技能充分挖掘出来，把集团公司的人才、技术优势，转化为集团各企业的共同资源。

鄂钢公司为加快高技能人才建设，努力培养一支适应鄂钢公司快速发展的高技能人才队伍，提出要“借力攻关、借技图强”。鄂钢向集团公司工会发出邀请，借助集团公司技师队伍的人才、技术和资源优势，联合培养鄂钢技能人才队伍，邀请武钢工人技师赴鄂钢开展技术服务、技术交流，让鄂钢技师在拜武钢技师学技术学技能中提高技能水平，并对鄂钢生产一线急需解决的问题进行诊断和攻关，快速提高鄂钢技师技能素质和解决现场问题的能力。为使联合现场技术攻关活动稳步推进，武钢工会与鄂钢公司培训中心、工会、人力资源部、设备部等部门一起，制订了详细的工作推进计划，并在实践中完善措施。

一、开展新知识讲座和技术交流活动

首先，联合开办鄂钢工人技师讲坛。由全国技术能手、钢铁行业技术状元做“当好一名工人技师”系列讲座，并进行“岗位创新技法”技术交流。通过系列知识讲座和技术交流活动，使鄂钢学员在学习知识的同时，感受、领悟技师的角色定位、作用发挥、成功成才的路径方法，从而增强进取的信心。

其次，组织学员参加中钢协举办的“技师综合能力提升培训”，到武钢工人科技园参加《创造学》培训，参观武钢工人技师创新成果展览，与指导老师面对面地沟通交流。

二、在现场技术攻关中做好传帮带

武钢工人技师亲力亲为，克服自身工作任务重、沟通交流不便等诸多困难，尽心尽力做好鄂钢学员的传、帮、带，并深入到徒弟所在单位，下车间、上炉台，了解情况，协商制订学习计划、攻关方案，对学员进行悉心指导。活动期间，武钢工人技师通过电话、网络、现场指导、跟岗实习等方式，帮助学员答疑解惑，指导学习攻关、传技授业。在指导过程中，遇到超出专业领域的问题，迅速找到相关专业工人技师共同会诊、支招。全国劳模刘幼生多次到现场，指导学员做攻关实验，采集攻关数据，制造实物模型。全国技术能手曾庆崧利用在鄂钢指导新转炉开炉的时机，经常到转炉上向学员传授先进的操作技术、操作方法，把自己总结的炼钢方法，毫不保留地传授给鄂钢学员。

全国劳模刘渝兴不顾年事已高，悉心指导学员完成了3项攻关课题。

三、争取各级领导高度重视

（一）重视引导

公司工会领导多次指示：要为技师带徒、拜师学艺活动创造条件，选聘的指导老师必须有过硬的专业技术、精湛的技能绝招、丰富的现场工作经验，必须有强烈的责任心和敬业精神，使这项活动为重组企业技能操作人员之间开展技术学习、技术交流、技术合作，起到示范作用和引领作用。在鄂钢公司召开的技师带徒、拜师学艺活动推进会上，鄂钢公司领导充分肯定了这项活动的现实意义和示范引领作用。武钢工会领导多次赴鄂钢协调活动的开展，各指导老师所在单位的领导为指导老师赴鄂钢开展活动一路绿灯，同时还热情接待前来实习的鄂钢学员。

（二）重视推进

鄂钢公司成立了领导小组，成员单位包括培训中心、组织人事部、工会、技术部、设备部、财务部。在攻关课题的遴选上，“带着问题找课题”，将影响生产顺行、影响效益提升的课题，确定为主攻方向。同时将技师学员在活动中取得的业绩与技能等级晋升有机结合起来，有效地调动了技师学员参与的积极性。鄂钢公司每年都要召开推进会，总结表彰上年度优秀指导老师和学员，部署本年度技师带徒、拜师学艺活动。鄂钢公司相关部门和二级单位也成立了活动推进小组，明确了活动的责任领导、协调人，并制订了详细的配套推进实施计划，跟踪督促活动的落实，及时协调、解决活动过程中出现的问题。

通过技师带徒、拜师学艺活动，武钢工会探索出重组企业联合培养技能人才、共享人力资源快捷、有效的实现途径。技师带徒、拜师学艺和现场联合攻关活动，成功地解决了长期困扰鄂钢产品质量、安全生产、生产工艺等难题75项，实现降本增效1000多万元。技师带徒、拜师学艺活动为集团公司重组企业之间开展技术交流做出了示范，在武钢内外产生了巨大的反响，受到中央和省市媒体的广泛关注，《工人日报》《中国冶金报》、中国钢协培训网站、《楚天都市报》《武钢工人报》多次对这项活动进行了报道。

第八节 发挥劳模引领作用

劳动模范是广大职工的杰出代表，劳模精神是企业科学发展最宝贵的精神财富和强大动力。把劳模精神做成品牌，以品牌为载体，通过劳模的号召力和影响力激励广大职工，把精神财富变成有形资产，为企业和社会创造更多的财富，从而实现劳模价值的有形化和最大化，这是弘扬劳模精神、发挥劳模作用最直接、最有效的方法。多年来，武钢认真贯彻全心全意依靠工人阶级的指导方针，坚持以人为本，充分发挥劳模的骨干带头作用，有力地促进了武钢生产经营和改革发展。

一、充分发挥劳模群体作用

时代要求劳模不仅要做本职工作的典范，更要做具有鲜明时代特征和精神风貌的典范。武钢工会十分重视大力挖掘劳模智力资源，为劳模再立新功搭建广阔平台。

（一）在政治上注重提升劳模参政议政能力

职工代表大会是职工参与企业民主管理的主渠道，武钢职工代表大会的职工代表中，有很多都是劳模先进人物。在武钢推行的值班厂长制度中，由各级劳模担任的值班厂长占一半的比例，给劳模参与企业民主管理提供了政治舞台。每逢“中秋”、“春节”等传统节日，武钢党政工都邀请来自全公司各条战线的劳模代表举行座谈会和联谊会，与武钢领导共叙工作劳动情怀，共商企业发展大计。

（二）在劳模的选树上严格实行逐级晋升模式

武钢以党政下文的方式，出台“三个文明”建设总结评比办法，明确规定：武钢劳模从武钢标兵中产生，市级劳模从武钢劳模中推选，省（部）级劳模从市级劳模中推选，全国劳模从省（部）级劳模中推选，并且要求一线职工比例必须超过50%，保证大量优秀的一线职工脱颖而出，诠释“工人伟大，劳动光荣”的理念。

（三）全面培养知识型劳模队伍

近几年来，武钢注重培养技术型、知识型、专家型劳模队伍，为劳模开设了计算机初级、中级培训班。每年根据劳模所需开设劳模专期培训班。劳模培训已成为公司劳模管理的常态工作。武钢与社会院校合作，开设劳模学历班，培养出一批具有大专学历的一线劳模，如全国劳模吴克林、邬洪胜等。

（四）引导劳模积极投入到“创建学习型企业，争做知识型职工”活动中

武钢工会注重引导劳模学习科学文化知识，学习本岗位世界前沿技术，学习岗位操作技能，鼓励劳模练真功、亮绝活和发明创造。近几年来，一批知识型、专家型劳模脱颖而出，全国劳模刘幼生有多个研发成果应用于实际。2010 年，武汉五一劳动奖章获得者冷轧总厂工人曹雁来的《热镀锌锌锅表渣清理装置》获德国纽伦堡国际发明展银奖。

（五）不断拓宽劳模再立新功的途径

从 2009 年起，武钢工会开展劳模责任区活动，变一枝独秀为百花齐放。每年平均有 300 多位在岗劳模参加劳模责任区的创建活动，先后有 100 个优秀劳模责任区受到表彰，创造直接和间接经济效益数千万元。在开展“劳模责任区”创建活动的同时，在主体生产单位开展劳模示范岗挂牌活动，在劳模工作的岗位悬挂印有劳模照片、工作目标和承诺的展示牌，在职工中形成向劳模看齐、向劳模学习的良好氛围，劳模的引领作用得到了进一步的提升。

二、建立健全劳模保障机制

劳动模范为企业的改革发展作出了突出贡献，从各个方面去关心和爱护他们，维护他们的正当权益，使他们更好地发挥作用，是工会组织义不容辞的责任。武钢工会努力建立健全劳模保障机制，为劳模办好事，办实事，免去了劳模的后顾之忧。

（一）为劳模办理住院补充医疗保险

坚持每年出资20多万元，为每一位劳模办理补充住院医疗保险。劳模因病住院，除享受医保待遇外，自付部分还可以获得最高5000元的住院理赔金，为广大劳模医疗保障再筑一道防线。每年平均有100人次以上的劳模共获赔偿金10多万元。

（二）为劳模落实相关待遇

武钢全体职工参加武汉市社保后，武钢还作出规定：劳模从法定退休之月起，为全国、省（部）级及武汉市、外地州市劳模者，每月分别给予100元、80元、60元生活补贴。只要是武钢职工获得全国、省、市表彰，公司都拿出专项奖励资金再次奖励各级劳模及五一劳动奖章获得者。获全国劳动模范奖励1.5万元；获全国五一劳动奖章奖励1.2万元；获省（部）级劳模（奖章）奖励1万元；获市级劳模（奖章）奖励8000元。

（三）坚持劳模专期和优先疗休养制度

每年开展劳模专期休养活动，组织劳模先后赴广西防城港、北戴河、北京等地休养。各二级单位也都组织本单位劳模到各风景名胜区休养。近年来，武钢在成本压力非常大的情况下，仍然组织了200人次的劳模和先进职工代表赴香港、澳门参观旅游。

（四）创建劳模数据库

2008年，武钢工会开展了劳模数据库的设计及开发工作，2008年年底武钢劳模数据库系统正式启动，该系统为每名劳模设立了45个信息段，涵盖了劳模所有基本信息。全公司所有二级单位工会通过授权可以随时更新数据，为做好劳模工作打下了坚实的基础，也使工会能及时准确地向上级工会报送劳模相关信息。

（五）坚持两年一次劳模健康体检

劳模健康体检的标准与公司处级领导干部一样，且保证每次体检结束一周，劳模即可以得到本人的体检结果。有两名劳模通过体检及早地发现了癌症病情，得到了及时的治疗。

三、营造争当劳模光荣的舆论氛围

大力弘扬劳模精神，大力宣传劳模事迹，是武钢在 50 多年建设发展进程中长期坚持的光荣传统，是武钢第三次创业中加强企业文化建设的有效载体，也是唱响“工人伟大，劳动光荣”主旋律的重要举措。

（一）将劳模宣传工作与形势任务教育等活动融为一体

劳模宣传工作是武钢每年度工作目标和任务的重要组成部分。武钢工会坚持每年在《武钢工人报》刊发“三个文明”建设表彰大会专刊，刊发年度劳模的彩色照片和简要事迹，在中国武钢博物馆的金色“劳模墙”上镌刻新增各级劳模的名字，在工人文化宫等文化阵地展示劳模的照片，在《班组学习》刊发劳模事迹，还编辑下发年度《劳模风采录》专辑，并在武钢工会网站发布电子版。同时，在武钢电视台、《武钢工人报》开辟《武钢人之歌》、《钢城先锋》等专栏进行重点宣传，使劳模成为武钢的“明星”。

（二）每年确定一批劳模，给予重点宣传

武钢工会每年确定若干重点劳模，宣传其富有先进性、时代感和感召力的典型事迹。全面广泛深入宣传了 2005 年武钢第三次创业以来，在现场攻关、自主创新、技能精湛、勇闯市场、敢抓敢管、忠于职守、默默耕耘、艰苦创业、降本创效、锐意改革等方面做出突出贡献的百余名劳模先进人物。

（三）组织采写《钢铁英雄》并公开出版发行

武钢工会组织武钢工人作家开展采写劳模暨营销先锋“市场前沿行”活动，编辑出版了报告文学集——武钢第三次创业劳模风采录《钢铁英雄》。工人作家深入一线，深层次挖掘33名市级以上劳模的先进事迹，创作了长达30万字的报告文学集，由长江出版社出版发行。

（四）每年组织“颂劳模、创新业”文艺宣传小分队下厂为职工演出

文艺宣传小分队创作以颂劳模、降成本、讲安全为题材的节目，形式生动活泼，有快板、小品、歌曲等。文艺小分队到基层食堂利用中午进餐时间为职工演出，深受欢迎，凸显了“唱响三次创业歌，满怀深情赞劳模”的主旋律。

多年来，武钢劳模工作突出以下几点转变和创新：劳模的选树向一线倾斜，向知识型劳模倾斜，一大批劳模走向基层领导岗位，劳模队伍素质进一步提高；劳模的管理由原始单一型向电子信息集中型转化；劳模的救助由原始的扶贫帮困向关注劳模健康转化，定期为劳模全面体检，做到防患于未然。

在“新中国成立60周年以来湖北最具影响的劳动模范——荆楚楷模”颁奖晚会上，武钢李凤恩、肖军荣获“荆楚楷模”称号，毛炯辉获“荆楚楷模”提名奖。2005年，武钢获得“有突出贡献的劳模群体”称号。

第三章　突出维权关爱每一天，构建和谐劳动关系

TU CHU WEI QUAN GUAN AI MEI YI TIAN GOU JIAN HE XIE LAO DONG GUAN XI

工会是职工合法权益的代表者和维护者，必须坚持维护企业总体利益与维护职工群众具体利益相结合，坚持维护职工群众的劳动经济权益、民主政治权利、精神文化权益和社会权利相统一，坚持维护职工队伍内部不同群体的利益相统一，坚持把维护职工利益贯穿于推动改革、促进发展、构建和谐、保持团结的全过程，真正做到主动维权、依法维权、科学维权。

“突出维权关爱每一天”是武钢工会切实履行维护基本职责的生动体现和实际行动。实践中，武钢工会既从维护武钢总体利益的角度出发，教育引导职工立足岗位干好每一天，争创一流业绩，又从维护职工合法权益的角度出发，加强与行政的协作和协商，让企业关爱职工每一天，让职工贡献企业每一天，形成“企业关爱职工，职工爱护企业”的和谐劳动关系。

坚持和健全以职工代表大会为基本形式的厂务公开民主管理制度，探索实践民主对话会、值班厂长等一系列新形式，维护职工的知情权和民主管理权，也使厂务公开民主管理工作不断焕发新的活力。

按照全总“两个普遍”的工作部署，把推动解决职工

最关心、最直接、最现实的利益问题作为发展和谐劳动关系的突破口，牢牢抓住维护职工劳动经济权益的核心问题，坚持推进以工资集体协商为核心的平等协商集体合同制度，从源头维护职工经济利益，建立相互尊重、互利共赢、稳定和谐的社会主义新型劳动关系，实现企业、职工共谋经济发展，共享改革成果的目标。

始终把保障企业职工在生产劳动过程中的安全与健康作为履行维护职能的重要内容，以“安康杯”竞赛活动为主线，认真履行监督参与职责，发挥工会劳动保护监督检查作用，探索安全文化，强化班组安全管理，为企业持续稳定发展奠定了坚实的基础。

坚持完善关爱特殊群体和困难群体的扶贫帮困机制，持久开展扶贫帮困送温暖活动，切实保障他们的基本生活。武钢在“十一五”规划中提出了基本消除贫困职工家庭的目标，工会充分用好职工扶贫救助基金，确保建档贫困职工家庭得到帮扶。“十一五”末实现武钢职工贫困家庭100%脱贫，彰显了国有企业的责任，表明了武钢依靠职工办企业的良好作风。

探索职工重疾互助活动，组织动员广大职工发扬团结友爱、互助互济的集体主义精神，通过职工个人交费的方式筹集资金，在职工发生重大疾病、身故及意外伤害等特殊困难时，向职工提供经济帮助，为武钢广大职工构筑起第五条医疗保障线，形成“有病人帮我，无病我帮人”的重大疾病医疗互助长效机制。

不断拓展关爱职工的新的有效形式，为基层一线班组配备装有基本药品、医疗器具和日常用品的“关爱箱”，更好地维护职工在劳动过程中的生命安全与健康权益；为吸引和留住优秀大学生服务企业，武钢出台了大学生购房首付款贷款实施办法，解决了大学毕业生职工购买商品房的首要难题，为他们安居乐业、奉献武钢发挥了良好作用。

强化保护女职工特殊利益，通过建立女职工劳动保护制度，实施女职工保护监督检查等工作，多途径、多渠道维护了女职工的合法权益和特殊利益。

第一节　深化厂务公开民主管理

厂务公开民主管理是社会主义基层民主在企业的重要体现。推行厂务公开民主管理，对于提高企业民主决策、科学决策水平，健全企业内部权力运行监督机制，加强基层民主政治建设，密切党与职工群众的血肉联系，促进企业党风建设和反腐倡廉工作，维护职工队伍的团结和合法权益，具有十分重要的作用。

实践中，武钢工会与时俱进地推动厂务公开民主管理向“巩固、规范、深化、提高”的方向发展，使厂务公开民主管理工作不断焕发新的活力，企业民主政治氛围更加浓厚，民主管理和专业管理一起成为推动企业科学发展、建设和谐武钢缺一不可的两个“驱动轮”。

一、始终坚持党的领导、职工有效参与和制度建设

武钢始终把坚持党的领导、职工有效参与和制度建设作为厂务公开民主管理的基础和前提。

（一）始终坚持党的领导

党委充分发挥政治核心作用，注重把好方向关，定期听取、研究和指导民主管理工作，并将其纳入企业日常管理制度之中，形成党委统一领导、党政共同负责、相关部门齐抓共管、职工群众全员参与的厂务公开民主管理领导体制和工作运行机制。2008 年以来，为贯彻国务院国资委有关职工代表大会工作文件精神，武钢工会系统提出关于创新和完善职代会制度的办法后，党委听取了专题汇报，总经理和党委书记还作出明确批示，使职工代表大会沿着正确方向成功召开，并探索建立了集团化职工代表大会工作制度。

（二）始终坚持职工有效参与

武钢工会把培养高素质职工队伍、拓宽职工参与渠道作为厂务公开民主管理的一项长期战略任务来抓。通过与院校联合办学、专题培训等培养方式和评先、树模、晋级等激励手段，增强职工高度的主人翁精神和强大的向心力，培养职工谋大局、议大事的能力，使职工参政议政的水平显著提高。近几年来，共培训了三届职工代表共计 1500 多人次，职工代表大会收到来自职工代表的有效意见和建议 300 多条，组织 400 多人次职工代表、专委会委员参加了民主管理的巡视、协商、监督等各类活动。

（三）始终坚持长效机制和制度建设

着力建立“事事有规则、人人有责任、时时有控制、环环有考核”的民主管理长效机制。

1. 建立领导机制。武钢建立以党委书记、总经理为组长，工会主席、纪委书记为副组长，由纪委监察、工会等部门负责人组成的厂务公开领导小组，形成“党委领导、行政执行、工会主抓、纪委监督、职工参与”的工作格局。

2. 建立工作运行机制。武钢建立健全了以职工代表大会制度为核心的22项厂务公开民主管理制度，全面、系统地规定了民主管理的总体要求、内容、形式、程序等。

3. 建立监督检查机制。每年，武钢各级厂务公开领导小组都对厂务公开民主管理工作进行相应检查和督促。

4. 建立评价考核机制。建立健全了厂务公开民主管理岗位责任制度、工作考核制度和责任追究制度，并将考核结果纳入武钢“三个文明”评比、工会“双争”竞赛评比内容。

二、牢牢把握重点，不断拓展厂务公开民主管理的内涵和外延

武钢工会始终把丰富和拓展厂务公开民主管理的内涵和外延作为工作重点。

（一）向生产经营和改革发展的纵深方向拓展

始终坚持把涉及企业生产经营和改革发展的重大事项直接交给职工代表审议，依靠职工决策，组织职工监督，体现职工的主人翁地位。武钢投资兴建的一批重大战略项目，均是在提交职代会讨论和审议通过后才组织实施的。如武钢制定以中、西、南发展战略为核心的第三次创业战略举措，是经过企业上下群策群力、民主集中讨论，向职工代表大会专题报告，让全体职工代表充分审议通过后，才启动推进的。

（二）向企业领导班子和党风廉政建设的领域拓展

武钢各级领导班子在涉及企业“三重一大”的问题上，

都要充分听取职工群众的意见和建议；还通过民主评议等多种形式，组织职工对党员干部廉洁从业和党风廉政建设情况进行民主监督，建立领导干部能上能下的奖惩制度；武钢年度考核基层领导班子时，都要吸纳普通职工代表全过程参与评价和监督。如每年对于年度考核排名前10%的优秀领导干部采取提拔重用、进修深造、薪酬奖励等措施予以激励，对于排名末尾的8%领导干部采取免职、降职、提前退职、调整工作、诫勉谈话等措施予以制裁。

（三）向职工关心关注的热点拓展

严格按照中央要求，工资收入分配等涉及职工切身利益的重大事项均按照《武钢职代会工作条例》规定，广泛听取职工代表的意见后，提交职代会无记名投票表决。

三、紧密结合实际，努力探索厂务公开民主管理新的实现形式

多年来，武钢工会在坚持职工代表大会基本形式的基础上，努力探索厂务公开民主管理新形式、新载体。

（一）在职工代表大会上推行总经理答复职工代表意见制度

为充分发扬民主，让职工建言献策，倾听基层职工的心里话，武钢推行了总经理答复职工代表意见制度。在每次职工代表大会上，各代表团专门推荐基层和一线职工代表在会上发言，向经营管理层提出咨询。总经理在会上“现场办公”，能办的当场拍板；暂时办不到的要求有关部门创造条件尽快办；不能办的讲清政策。会后，工会还以重点工作督办的方式，对有关部门和单位落实职工代表意

见的办理情况进行跟踪督办，向职工代表进行回复，做到“条条有回音，件件有落实”。

（二）实行职工代表民主议事制度

武钢建立了职工代表民主议事制度，并投资60万元兴建了职工代表民主议事厅，作为职工代表的专门活动场所。在这里，武钢总经理与职工代表、工会代表与行政部门就双方关注的问题，进行面对面、实打实的上下沟通、协商对话。通过民主对话，使企业决策更加科学合理，职工合理诉求和合法权益得到充分尊重和保障。

（三）推行值班厂长制度

1999年开始，武钢推行值班厂长制度。通过民主程序将普通一线职工推荐进入厂矿领导班子，并赋予其一定权力，在一定任期内参与领导班子民主决策、民主管理和民主监督工作。值班厂长制度既提高了经营管理层决策的科学性和权威性，又增加了决策和管理的公开透明度，既解决了一大批实际问题，又培养了一大批管理人才。目前，1300多名优秀职工先后担任了值班厂长，其中有200多人分别走上了新的重要岗位。

（四）建立厂情通报会制度

武钢工会定期召开厂情通报会，请公司有关领导向一线班组长通报公司生产、经营、管理等工作中的相关情况，将武钢面临的机遇、压力和困难等都一一向职工交底，让广大职工及时了解公司的生产经营及各项工作进展情况，使职工对形势和任务有进一步了解，激发职工全力支持并积极参与企业改革发展的热情。通过这种形式，职工广泛深入地了解厂情，消除了疑虑，促进了企业和谐发展。

（五）建立职工代表监督员制度

武钢工会和直属机关党委一起建立了职工代表监督员制度，对机关工作作风、工作效率等进行民主监督。每期聘任8名来自基层的职工代表担任职工代表监督员，他们采取佩证明察或暗访的方式，监督检查机关各职能部门履职尽责情况和工作作风，并提出评价和改进建议。这一举措极大地改进了机关工作作风，提高了工作效率和水平，赢得了基层职工的广泛好评。

（六）不断探索实践厂务公开民主管理新的实现形式

武钢还先后探索和实践了职工代表督察、职工代表走市场、职工代表大会专委会巡视、职工代表述职评议、车间民主评议会、厂务公开民主协商会、厂务公开栏、领导干部任前公示制等一系列厂务公开民主管理的实现形式，进一步营造了民主和谐的氛围。

四、努力实现厂务公开民主管理工作的“六个转变”

（一）思想观念实现由被动公开向主动公开的转变

各级干部职工的认识已不再停留在当初要不要公开、敢不敢公开、能不能公开的层次上，而是对实行厂务公开有着较强的责任感和使命感。经营管理层实现了“要我公开”向“我要公开”的转变，职工实现从不相信、不关心厂务公开向积极参与厂务公开的转变，形成了企业上下都来重视、支持和参与厂务公开的良好局面。

（二）制度建设实现由一般性要求向规范化、科学化的转变

机制制度建设也体现着与时俱进、创新求变的要求。

伴随着深化改革、加快发展的时代要求，武钢不断建立和完善《武钢关于实行厂务公开加强民主管理的实施办法》等厂务公开民主管理制度，为厂务公开民主管理依法、规范、有效运行提供了坚实保证。

（三）厂务公开的内容实现由偏重生活福利公开向企业改革发展重点领域和职工关注的热点问题公开的转变

坚持把职工最关心的生产经营和规划发展问题、职工最直接的劳动权益、职工最现实的经济权益作为重点，切实保障和落实职工的知情权、参与权、表达权和监督权。

（四）厂务公开的形式实现由单纯依靠职工代表大会发挥作用向多种形式并举的转变

在发挥职工代表大会主渠道作用的同时，厂务公开紧跟企业改革和发展步伐，不断探索新的实现形式。近些年探索了总经理与职工代表民主对话会、值班厂长、职工代表进机关、网上信箱等一系列厂务公开新形式，使公开的形式更丰富了，渠道更通畅了，职工心里更“亮堂”了，公开的效果更强了。

（五）厂务公开的程序实现由注重结果公开向注重过程公开的转变

深化厂务公开不仅公开办事结果，更重要的是公开办事过程，以增强公开的透明度。对于总经理在职工代表大会、民主对话会上答复职工代表的意见，会后，武钢办公室和工会以督办的方式，对有关部门和单位的办理情况进行跟踪督办，并把办理的方案、措施和结果全部向职工代表进行回复，让职工心中有数。

（六）厂务公开的层次实现由集团公司、总厂（分厂）级公开向车间、工段、班组事务公开纵深的转变

厂务公开不再局限在企业管理层和二、三级单位，已在车间、工段、班组生根开花。车间、工段、班组坚持按时公开经济责任制执行情况、休疗养指标落实情况、困难职工建档等内容，接受车间职工的监督。武钢8000多个班组全部实行了班务公开，班组坚持每月一次的班务公开会，公开班组的任务分配、材料领用、经济责任制绩效考核、职工年休假制度执行等内容，极大地增强了凝聚力。

第二节　构建和谐劳动关系

构建和谐企业，就是要建立起相互尊重、互利共赢、稳定和谐协调的社会主义新型劳动关系，使企业、职工共谋改革发展，共享改革发展成果。武钢按照全总“两个普遍”的工作部署，牢牢抓住维护职工劳动经济权益的核心问题，大力推动以“工资集体协商”为重点的平等协商集体合同工作，深入推进和谐企业创建活动，为推进企业发展、社会和谐稳定发挥了积极作用。武钢先后获“全国模范劳动关系和谐企业”、“武汉市首届十佳和谐企业”等称号。

一、突出重点，着力提高集体合同工作的规范性

多年来，武钢集体合同工作严格做到要约应约、集体协商、审议通过、审查公布、监督检查“五个规范”，突出

抓好三个环节。

（一）突出抓好平等协商环节，提高集体合同工作实效

每年组织召开与行政不同层次的协商会议，对工资分配制度、劳动安全卫生、企业管理的重要规章制度等涉及职工利益问题进行协商，做到职工关心的热点问题重点协商，涉及职工切身利益的问题反复协商，有争议的问题及时协商，切实从源头代表和维护职工利益。

（二）突出抓好履约检查环节，提高集体合同工作质量

坚持每年对集体合同履行情况及和谐企业创建情况进行检查，检查情况向职代会报告，集体合同文本和履行情况利用报纸、电视、网络等媒体向全体职工公示。同时对检查中发现的问题及时下达整改通知书，对未按时按要求落实整改的部门和单位，进行通报批评并纳入公司绩效考核，保证了集体合同的严肃性和权威性。

（三）突出抓好集体协商指导员队伍建设，提高集体协商能力

坚持把提高集体协商能力作为培训工会干部的重要内容，每年通过举办集体协商专题研讨班、培训班和座谈会，有计划、有针对、分步骤、分层次地开展集体协商指导员培训，为开展集体协商工作提供素质保证和智力支持。2011 年，公司在第十二届四次职工代表大会上首次签订了工资集体协商、劳动安全卫生、女职工权益维护等 3 个专项集体合同，构建了“1 +3”的集体合同工作模式。

二、突破难点，形成具有武钢特点的工资集体协商工作格局

按照全总“两个普遍”的工作部署，武钢工会牢牢抓

住维护职工劳动经济权益的这一核心，大力推动工资集体协商工作。

（一）典型示范，全面推进工资集体协商工作

成立工资集体协商工作指导小组，经过反复调研、考察和研究，选择有代表性的单位开展工作试点。2009 年，组织召开“工资集体协商现场推进会”，全面推广试点单位的成功经验，收到了较好的示范效果。

（二）积极作为，形成具有武钢特点的工资集体协商工作格局

结合武钢实际，加强劳资合作与协调，精心组织，共同推进武钢工资集体协商工作。2005 年，围绕职工生活现状、工资收入及期望等内容，武钢工会在全公司范围内组织开展了工资问卷调查活动，并针对性地提出建设性意见，为武钢岗薪制的顺利出台奠定了良好基础。

2010 年，武钢职工代表大会及其专委会先后通过了《关于进一步深化薪酬制度改革的指导意见》及《关于2010 年增加职工收入的意见》，并在武钢“十二五”规划中明确提出“十二五”时期职工收入翻一番的目标。2011 年，武钢工会又与武钢规划发展部、人力资源部共同开展了“建立职工工资共决机制”的专项课题调研。通过不断探索与实践，目前武钢已初步形成了具有武钢特点的工资集体协商工作格局。

（三）加强规范，实现工资集体协商工作全覆盖

坚持深化工资集体协商“百日行动”，广泛开展工资集体协商“要约行动”，把推动工资集体协商作为维权机制建设的核心，不断扩大覆盖面，增强实效性。2011 年，武钢

工会制定下发《关于进一步深化工资集体协商工作的指导意见》，进一步健全和完善了“工资分配共决、调整、监督”等三个机制，规范和促进了基层单位的工资集体协商工作。截至目前，全公司实现了各单位工资集体协商建制率100%，具有独立法人资格的单位工资集体协商专项集体合同签订率为100%。

三、巩固提高，不断深化和谐企业创建活动

自2007年起，武钢工会坚持每年开展创建劳动关系和谐企业活动，每年在武钢职工代表大会上向全体职工代表报告劳动关系和谐企业创建情况，并命名表彰一批“武钢劳动关系和谐企业”，还将劳动关系和谐企业创建向企业与社会全面推进，不断提升创建工作的影响力。

（一）推进创建活动的规范化

2007年，在武钢职工代表大会上通过了《武钢创建和谐企业实施纲要》，组成创建活动领导小组，明确“创建和谐企业”的组织机构和工作职责。2010年，企业制定下发了《关于进一步推进和谐企业创建工作的通知》，主动履行了社会责任，加大了企业和社会和谐的推进力度。通过建章立制，合力推进，全公司初步形成了“党委统一领导、党政工团齐抓共管、各部门相互协作、全员参与”的和谐企业创建工作格局。

（二）丰富创建活动的新内容

从推动解决职工最关心、最直接、最现实的利益问题入手，抓住关键环节，将健全和完善劳动合同、平等协商集体合同、薪酬分配、职工劳动安全卫生保障、劳动关系

协调、民主管理等各项涉及职工切身利益的关键环节作为创建活动的工作重点，让广大职工真正从企业和谐发展中感受到实惠。

（三）提高创建活动的影响力

每年武钢创建活动小组都根据《武钢劳动关系和谐企业考核标准》，按照“单位自查、检查验收、公示命名、动态管理”的工作程序，组织对各基层单位创建活动进行自查和抽查，形成《武钢创建劳动关系和谐企业情况的报告》向武钢职工代表大会报告。2008 年，武钢召开了武钢创建劳动关系和谐企业经验交流暨表彰大会。在武钢职工代表大会上对炼钢总厂等 32 家“武钢和谐企业”进行了命名表彰，并推荐运输部等 29 家单位为“武汉市和谐企业”。

第三节　强化劳动保护工作

工会劳动保护工作是现代企业安全生产的一道重要防线，是保证职工在生产过程中生命安全和身体健康的重要途径，是确保企业安全生产的有效载体，更是工会履行基本职能，保障职工基本权益的重要体现。切实有效地开展工会劳动保护工作对于促进企业安全健康发展具有十分重要的意义。

武钢工会始终把保障职工在生产劳动过程中的安全与健康放在工作的重要位置，坚持以人为本，突出维护职能，以“安康杯”竞赛活动为主线，认真履行监督参与职责，发挥工会劳动保护监督检查作用，夯实班组安全管理，发挥班组劳动保护检查员的作用，在求实创新上下工夫，赢得了职工群众的信赖和公司党政的肯定，为武钢的安全稳定发展作出了积极贡献。武钢连续13年获得全国“安康杯”竞赛优胜单位称号。

一、规范制度，健全网络，加强培训，奠定劳动保护工作的坚实基础

做好新形势下的工会劳动保护工作，必须有规范的工作制度、健全的劳动保护监督网络组织及一批有业务水平、工作能力的监督检查人员。

（一）建立健全工会劳动保护工作制度

为使工会劳动保护工作有章可循，形成制度化、规范化的工作体系，武钢工会制定了《劳动保护工作责任制》《劳动保护监督检查委员会工作条例》《劳动保护监督检查工作实施细则》《武钢厂矿工会劳动保护奖励经费暂行管理办法》《班组劳动保护检查员挂牌上岗制度》《工会主席安全生产目标责任风险抵押承包兑现的指导意见》《设立“工会劳动保护监督举报电话”》等系列工作制度和文件。同时，武钢工会坚持每年与基层单位签订工会劳动保护责任书，确保工会劳动保护工作的落实。各级厂（矿）工会也制定相应劳动保护工作制度，形成了各自的特色。

（二）不断完善工会劳动保护网络组织

根据全总颁发的劳动保护三个《条例》的要求，及时调整充实武钢各级工会劳动保护网络组织。通过调整，在全公司80多个单位工会劳动保护监督检查委员会、900多个基层（车间）级劳动保护监督检查委员会、8000多个班

组设立了劳动保护检查员，实现了劳动保护组织渗透到基层，覆盖到每名职工。

（三）切实提高劳动保护工作人员的能力

采取了“内培与外培”相结合的形式，开展了三年电视安全教育培训工作，8万多名职工获得“湖北省职工安全生产知识电视教育培训合格证”。多种形式的培训讲座，使广大职工认真学习、深刻领会了国家安全生产法律法规的精神实质，对贯彻执行国家安全生产法律法规起到了积极的促进作用。

二、加强宣传，活化形式，有机结合，营造劳动保护工作良好氛围

着力培育职工劳动保护意识，提高自我防范能力，大力营造安全生产文化氛围，是工会劳动保护工作的重要内容之一。武钢通过各种形式宣传劳动保护及安全知识，从而提高了职工的安全意识。

（一）大力宣传有关劳动保护法律法规，不断提高职工的劳动保护意识

利用板报、讲座，培训班等形式，宣传贯彻国家颁布的《安全生产法》《职业病防治法》《工伤保险条例》等法律法规，让职工入脑入耳；还将全总新修订颁发的工会劳动保护监督检查“三个条例”印发1万份下发到班组，组织广大职工参加全总组织的学习劳动保护“三个条例”的竞赛活动；编辑《班组劳动保护知识学习手册》，相继开展了“班组安全建设成果发布活动”、“班组安全文化墙展示活动”、“班组安全警句评选活动”；每年组织2万名职工参

加全国总工会和国家安监总局举办的“全国职工安全卫生知识竞赛”。

（二）采用职工喜闻乐见的形式，宣传劳动保护知识和安全生产知识

工会坚持在“安全生产月”活动期间组织安全演讲小分队，赴厂（矿）生产一线巡回演讲；组织安全知识挑战赛，通过层层选拔赛，普及安全、劳动保护知识；举办大型安全文艺专场演出，使职工受到了良好教育；每年结合公司安全生产形势和安全生产月活动，组织开展形式多样的安全宣传教育活动，受到职工好评。

（三）将工会劳动保护工作与群众性自主创新活动紧密结合

武钢工会在开展自主管理小组活动和合理化建议等活动中，将安全、劳动保护工作与之有机地结合起来，提升了职工对劳动保护重要性的认识。公司年均注册安全自主管理小组约300个，活动人数达2000余人；全公司职工提出的劳动保护及安全生产合理化建议，被采纳并实施的近2000条。

三、监督到位，检查有方，重点防范，确保工会劳动保护工作取得实效

做好工会劳动保护监督检查工作，既是国家安全管理体制赋予工会的权力，也是工会义不容辞的职责。工会组织在安全生产、劳动保护工作中发挥好监督检查作用，避免了“搞形式”、“走过场”，取得劳动保护工作的实效。

（一）发挥职代会劳动保护工作委员会的作用，做好提前预防监督

每年职代会专委会上，公司行政主管部门的负责人向委员们汇报当年的公司安环工作的计划及完成的情况，委员们针对公司安环工作情况对有关议题进行咨询，公司主管部门负责人当场给予解答。同时，委员们对有关议题进行审议，取得共识，形成报告交给公司领导或转交有关部门予以解决。另一方面，及时组织委员们对公司新、改、扩建工程项目的劳动保护设施“三同时”工作进行视察和检查，针对相关问题督促有关部门进行整改。

（二）监督检查努力做到“四结合”

结合监督参与职责，积极参与安全生产责任制落实情况的监督检查；结合职工群众的反映，开展重点问题的监督检查。例如，职工反映有些劳保用品在质量、价格等方面存在问题，武钢工会及时与武钢安环部主管人员一起对劳保用品供应厂家的资质、质量、价格进行检查。通过检查统一了价格，规定了劳保用品的质量要求，从而维护了职工的合法权益；结合季节变化特点，开展专项监督检查，每年高温期间，武钢工会都要组织职工代表对公司生产厂（矿）高温休息室和防暑降温工作进行检查，发现问题及时提出整改意见，确保企业职工在高温期间无一人中暑；结合新建、扩建、改建工程项目，武钢工会开展监督检查，确保工程项目中的劳动保护设施与主体工程同时设计、同时施工、同时竣工投产。

（三）把工会劳动保护工作的重点放在班组

班组是企业的细胞，也是劳动保护工作的前沿阵地，

工会劳动保护工作的好坏取决于班组安全工作是否到位。武钢工会以开展创“安全信得过班组”活动为载体，切实抓好班组劳动保护工作，坚持每年培训班组劳动保护监督检查员，并实行挂牌上岗制度。目前全公司共有8000多个班组劳动保护监督检查员在生产一线挂牌上岗，履行职责。同时，按照创“安全信得过班组”标准，建立完善“班前五分钟”的安全提醒、安全警示和安全规章制度，要求提醒有内容，警示有措施，检查有记录，促进班组安全管理工作的深入开展。武钢工会还创新“安全信得过班组”的活动形式，采取年初注册、不定期抽检、年末评选的方式，实现创建工作的全过程管理，促进了班组安全生产和劳动保护工作的开展。

四、相互配合，齐心合力，各司其职，共筑武钢劳动保护安全大堤

搞好安全生产劳动保护工作不仅是武钢党政的一项重要工作，同时也是武钢工会的一项重要职能。一直以来，武钢工会与武钢行政主管部门相互配合，相互支持，齐心合力，积极工作，安全生产工作取得了较好成绩。

（一）在开展安全生产竞赛活动中，各司其职、优势互补

在联合行政开展“安康杯”竞赛的活动中，武钢工会充分发挥独特优势，利用各种宣传形式，打造活动声势，行政主管部门除紧密配合外，从经费上给予了大力支持，使“安康杯”竞赛活动开展得有声有色。

（二）在安全生产检查上齐心协力、相互配合

每年抽出工会监督检查网络人员配合行政主管部门共

同进行安全检查，使安全生产责任制在公司得到贯彻落实。同时，在安全生产、劳动保护制度起草与修订上，从工会角度出发，提出了一些建设性意见，使文件的目的性更明确，可操作性更强；武钢工会在研究制定开展“安康杯”竞赛活动文件时，主动征求安全主管部门意见，对文件作进一步修改，统一考核标准，为年终检查评比提供科学的依据。

由于工会与行政主管部门在安全生产、劳动保护工作方面相互配合，相互支持，各司其职，全公司“安康杯”竞赛活动不断创新发展，工会劳动保护工作不仅赢得了广大职工的认可，而且得到了公司党政的好评。

第四节　实现“十一五”基本消除贫困职工家庭的工作目标

2006 年，武钢在“十一五”规划中提出了基本消除贫困职工家庭的工作目标。这项工作由武钢工会负责实施。武钢所属全民单位劳动合同制在职职工、离退休人员及享受遗属生活困难补助费的在职死亡职工遗属中，符合贫困职工家庭及边缘户标准的，武钢集团公司为其建立档案并实施帮扶，到“十一五”末，实现武钢贫困职工家庭 100% 脱贫。“‘十一五’基本消除职工贫困家庭工作目标”工作获得国务院国资委“2011 中央企业优秀社会责任实践奖”；在全总送温暖活动 20 年表彰活动中，武钢荣获了“全国帮扶工作先进单位”荣誉称号。

一、建章立制，为帮扶工作提供组织制度保障

2006 年，武钢下发《关于“十一五”期间基本消除贫困职工家庭工作的意见》文件，明确了该项工作的目的和意义、建档范围和标准、具体救助措施、资金落实措施、领导小组组成和职责等内容。

（一）成立“五年内基本消除贫困职工家庭工作领导小组”

武钢成立“五年内基本消除贫困职工家庭工作领导小组”，组长由武钢工会主席担任，副组长由公司相关行政部门领导担任，成员单位有工会、组织人事部、计划财务部、办公室、审计部、纪委（监察室）、宣传部、团委、退休居休管理服务中心、老干部管理服务中心、一技校、房产公司、总医院、武钢职工代表大会生活保险专门工作委员会等。领导小组下设办公室，办公室设在武钢工会，负责日常事务工作，并建立帮扶情况定期例会制度。

（二）制定并调整贫困家庭标准

武钢贫困职工家庭标准是参照《武汉市城市居民最低生活保障实施办法》关于“最低生活保障标准的确定是在当地最低工资标准 40% 至 55% 幅度内拟定”的规定，参考武钢职工贫困家庭基本生活支出实际状况和同行业设立贫困家庭标准情况，考虑到武钢作为特大型企业职工贫困家庭基本生活水平应略高于地方最低生活水平，按照高于拟定城市低保标准上限 5% 的比例即 60%，并依照属地管理原则确定。随着地方政府最低工资标准的提高，武钢贫困家庭标准也作相应调整。对于符合武钢职工贫困家庭标准的家庭实行建档动态管理，并分为“有自救能力家庭”和

"无自救能力家庭",分别实施六大帮扶措施帮助其脱贫。

二、建立武钢扶贫帮困基金,为帮扶工作提供资金保障

武钢建立2亿元扶贫基金,资金来源采取行政与工会共同出资等方式筹集,对基金实行统一计划、统一使用、统一审批、统一管理,确保扶贫帮困工作落到实处。2005年起,该扶贫基金每年可直接用于生活困难职工的各项救助费用达到1000万元。2006年武钢发文要求对扶贫基金实行统一管理,重点用于"十一五"消除职工贫困家庭。

为规范基金的运作与管理,武钢下发《职工扶贫救助基金管理办法》,对基金的来源与管理、救助对象、形式、标准及申报程序都做了明确的规定。武钢工会财务部门负责资金的运作,利息收入列入"送温暖专项账户",工会权益保障部负责审批,形成互相监督的机制。国务院监事会、国家审计署对基金专项账户专门进行了审计,均给予充分肯定。

三、签订"两书",确保实现脱贫目标

(一)坚持与基层单位签订帮扶责任书

武钢工会对每一户建档贫困家庭进行分析,根据实际情况制定帮扶措施和脱贫时间。每年年初与有贫困家庭的直属单位签订《武钢工会落实公司"十一五"消除贫困职工家庭工作帮扶责任书》,对武钢工会和基层单位双方的责任、义务和考核予以明确规定。武钢工会还每半年通报一次帮扶目标进度和完成情况,每年度对完成得好的单位进行表彰。

（二）深化领导干部结对帮扶活动，与领导干部签订帮扶承诺书

武钢工会组织厂处级领导干部及单位中层干部采取“一帮一”的形式，对贫困家庭开展帮扶工作。每年有2000余名干部参加结对帮扶活动，建档贫困家庭结对帮扶率达100%。为确保完成武钢“十一五”消除职工贫困家庭目标计划，2010年初，武钢工会决定采取签订《武钢领导干部结对帮扶贫困职工家庭脱贫承诺书》的形式确保工作任务落到实处，将每一户贫困职工家庭由一位领导干部结对帮扶调整为两位领导干部共同与其结对帮扶。其主要方式为：一位是贫困职工所在单位的主要领导，另一位是集团公司机关部处室的主要领导，武钢工会与每一位参加结对帮扶的领导干部签订帮扶脱贫承诺书。

四、分类制定帮扶措施，有针对性地开展帮扶救助

对职工贫困家庭按照有自救能力和无自救能力，分别进行“造血”和“输血”帮扶救助。对有自救能力的家庭，重点放在五年内培育其“造血”功能上，采取帮助待业成员就业等措施实现五年内消除贫困；对无自救能力的家庭和有自救能力的家庭在未脱贫的阶段内采用“输血”的救助措施，确保其家庭的基本生活。

（一）对无自救能力贫困家庭实施六大救助帮困措施

一是定期基本生活救助。每人每月按照贫困家庭标准补齐基本生活费，另外补助普通医疗费和煤气、生活用水费各20元，物价补贴费22元。

二是重大疾病医疗救助。职工一年内住院自付医疗费

1000元以上部分按70%救助，年最高救助金额可达8万元，家属一年内住院医疗费1000元以上部分按50%救助，年最高救助金额可达5000元。

三是教育费用救助。每年开展“金秋助学”活动，对读大学、中专、高中、初中及小学的职工贫困家庭子女分别救助5000元、3000元、2000元和1000元，在开学前一次性发放到位。

四是房租和物业管理费救助。对无房户提供免租房，居住武钢住房的承租户免房租，居住武钢物业管理小区的住户免物业管理费，非武钢产权公房的承租户和需交物业管理费的住户，每月对房租和物业管理费据实补助。

五是干部结对救助。每户贫困职工家庭安排2名处级以上领导干部结对帮扶。

六是节日慰问救助。每年元旦春节期间开展“温暖十送”活动，即为生产经营遇到较大困难的企业送发慰问金，为武钢建档贫困家庭和贫困边缘户每户赠送300元节日物资卡、1000元慰问金、一桌团年饭、3张电影票，为符合参加武汉市城镇居民基本医疗保险条件的武钢建档贫困家庭和贫困边缘户成员赠送医疗保险费，为符合参加武钢职工重大疾病医疗互助条件的武钢建档贫困职工及贫困边缘户职工每人赠送一份互助费，为因病因灾造成特殊困难的职工家庭送发临时困难补助费，为武钢贫困职工、劳动模范、离退休老干部、统战对象、节日坚守岗位的职工送关爱，集团公司领导组成慰问小组开展走访慰问。

（二）对有自救能力家庭实施六大帮扶解困措施

一是帮助转变观念。鼓励自谋职业，自主就业，通过自身努力实现脱贫。

二是开展技能培训。根据行业成员的年龄、就业愿望及市场需求，组织开办各种免费职业技能培训班，成绩合格者发放职业资格证，以提高行业成员的职业技能、职业资格和参与市场竞争的能力，帮助其实现就业。

三是积极推荐就业。就业信息立足于钢花劳务市场，同时主动争取省市劳务市场和工会帮扶中心的支持，推荐行业成员参加应聘实现就业。

四是贷款鼓励创业。为自谋职业、自主创业的贫困家庭待业人员提供小额担保贷款，帮助他们开办养殖场、服务场所等实体，使其通过资金资助实现脱贫。

五是安排临时工作。逐步清退企业内部聘用的临时工，安排待业成员上岗就业。

六是帮助孤儿就业。为待业孤儿创造就业岗位。

在“十一五”消除职工贫困家庭工作中，武钢工会认真履行“第一责任人”职责，采取“四个结合”的帮扶工作办法，即“个人自救和组织帮扶相结合，基层单位和公司帮扶相结合，工会和相关部门帮扶相结合，送钱、送物和送信息、送岗位相结合”。通过横向互动和上下联动，使帮扶措施切实落到实处，取得了显著成效。

“十一五”期间，武钢建档贫困职工家庭 515 户全部脱贫，脱贫率达 100%。“十一五”期间，武钢共发放职工贫困家庭基本生活救助费用 159 万元，对生活困难职工实施医疗救助 1830 人，共花费 2096.7 万元，金秋助学 1069 人，共花费 293.5 万元，元旦春节走访慰问 2.5 万余人次，共花费 1178.5 万元，发放临时困难救助费用 537.9 万元，安排 20 名贫困家庭子女免费参加武钢工程职业技术学院开办的培训班学习，推荐 164 名贫困家庭成员实现就业。

第五节　开展职工重大疾病医疗互助活动

职工重大疾病医疗互助是武钢工会组织动员广大职工发扬团结友爱、互助互济的集体主义精神，按照权利义务相结合、不以盈利为目的的原则，通过职工个人缴费的方式筹集资金，在职工发生重大疾病、身故及意外伤害等特殊困难时，向职工提供经济帮助的一种群众性互助活动。推行职工重大疾病医疗互助活动，是一项为国家分责、为企业解忧、为职工排难的重要工作，也是武钢工会在社会主义市场经济条件下实施送温暖工程的重要内容，是构建和谐企业的重要途径和手段。

一、建立规范化互助体系

（一）成立管理机构

为保证重大疾病医疗互助活动的有序开展，武钢工会与行政相关部门、职工医院、直属单位工会以及部分职工代表，组成了武钢职工重大疾病医疗互助活动管理委员会，管理委员会主任由武钢工会主席担任，办公室设在武钢工会权益保障部，明确了责任部门和单位分工协作规定。

（二）完善实施办法

每期重大疾病医疗互助活动启动前，武钢工会都要召开基层单位工会主席及管理部门、专家、职工代表等参加多层次、多方位的征求意见会，并通过武钢工会网站广泛收集职工意见，不断修订完善《武钢职工重大疾病医疗互助活动实施办法》。目前，互助对象从全民职工扩展到集体、派遣及代理制职工；互助范围由重疾和身故两项，扩展到意外伤害、住院补助、退休前三期参加和退休后三期可享受相应待遇等五项；重大疾病病种由 21 种增加到 23 种，意外伤害救助起付线由 1 万元下调为 5000 元，救助比例由 10% 增加到 20%，等等。修订完善的重大疾病医疗互助办法得到了广大职工的充分认可。

（三）规范操作实务

为规范重大疾病的审核鉴定工作，武钢工会与武钢职工医院协商制定《重大疾病审定办法》，规定了审定工作流程和工作纪律。武钢工会根据每期的实施办法制定操作流程，对互助活动的参加，互助金的申报、审批、发放等作出具体的操作规定。每期重大疾病医疗互助活动启动前，武钢工会都要编制《武钢职工重大疾病医疗互助工作手册》，通过《班组学习》、武钢工会网站等进行公布，方便广大职工及时了解，方便基层单位规范操作。

（四）加强资金监管

为确保资金安全，重大疾病医疗互助活动管理委员会办公室与武钢工会财务部及基层单位工会密切配合，重大疾病医疗互助资金实行独立账户、独立核算、专款专用。武钢工会财务部在保证资金安全的前提下，对互助金进行有效运作，使其保值增值，并将其全部收益纳入互助金账户使用。上一期重疾互助的结余资金，转入下一期互助活动账中累积使用。互助资金收支情况定期向武钢扶贫救助基金理事会汇报，接受其监督与检查，并每季度在武钢工人报纸和武钢工会网站上公布，接受职工监督。

二、实施有序性互助活动

（一）广泛宣传

武钢各级工会运用报纸、刊物、电视、网络、板报、公告栏、厂内电子信息显示屏等各种宣传阵地和手段，向职工宣传工会开展重疾互助活动的目的、作用、意义、内容、参加及给付程序、典型案例等，利用各种会议对职工进行广泛动员，做到让广大职工都知道重疾互助活动，了解重疾互助活动，参加重疾互助活动。

（二）做好培训

职工重大疾病医疗互助活动是一项政策性强、涉及面广、与职工切身利益直接相关的全新工作。武钢工会对负责此项工作的各级工会干部进行了专门培训，使他们熟练掌握工作程序、互助金申请审批程序和相关规定，为开展工作打好基础。

（三）积极筹资

重大疾病医疗互助费用是由职工个人自愿缴纳的，各级工会在宣传发动的基础上，将筹资工作落实到单位、落实到车间、落实到班组、落实到个人，使职工自觉自愿缴费成为重大疾病医疗互助筹资的主要方式。

（四）稳步推进

各基层单位工会按照武钢工会统一步骤，有序地开展重大疾病医疗互助活动。每年 3 ~ 4 月为活动宣传发动阶段，为开展下一期重大疾病医疗互助活动做好准备工作。4 月 30 日前完成重大疾病医疗互助费收缴及参加手续办理工作。5 月 1 日起转入正式实施阶段。

三、产生显著效果

（一）重大疾病医疗互助活动进一步完善了多层次、多形式的职工医疗保障体系

武钢职工已参加了社会基本医疗保险、大额医疗保险，建立了企业补充医疗保险，实施了生活困难职工医疗救助、职工临时困难救助等一系列医疗保障措施，但由于社会基本医疗保险是按照“低水平、广覆盖”的原则运行的，医保政策本身存在一些不足，如对部分大病、重病的治疗限制较多，职工自付费用过高，医疗费用负担过重，企业补充医疗保险及医疗救助费用的作用也有限，患重大疾病职工的医疗费负担较重的问题难以解决。建立和实施职工重大疾病医疗互助体系后，有效减轻了重疾职工医疗费用负担，帮助解决了患重疾职工看病贵的难题，提高了职工抵抗医疗风险的能力，为职工构筑了第五道医疗保障线。武钢职工重大疾病医疗互助活动作为国家和企业医保政策的补充及延伸，充分发挥了拾遗补缺的作用。

（二）重大疾病医疗互助活动较好地解决了重疾、身故和意外伤害职工的实际困难

武钢职工重大疾病医疗互助活动自 2008 年 5 月 1 日启动以来，目前已开展五期，共计 421349 人次参加，收缴互助金 4430. 96 万元。其中：一至四期收缴互助金 3402. 95 万元，支付医疗互助金 780 人 2511 万元，支付身故互助金 459 人 523 万元，支付意外伤害互助金 41 人 8. 6471 万元，共计 1280 人次 3042. 6471 万元；第五期为 2380 人发放住院

补助金 14.7545 万元。以上两项合计支出 3057.4016 万元，结余 345.5480 万元，结余比例为 10.15%，利息收入 79.157 万元，共计结余资金 424.7054 万元。这些重疾、身故和意外伤害职工在受到社会保险和企业救助的基础上，再次得到重疾互助活动的帮助，遇到的困难都得到了及时较好地解决，重疾互助活动为职工解决实际困难发挥了实实在在的作用，深受各级组织和广大职工的好评。

（三）重大疾病医疗互助活动充分发挥大互助的作用，体现了工人阶级的大爱精神

工人阶级具有团结友爱的大无畏革命精神，工会具有组织职工开展互助互济活动的优良传统。根据新形势和新情况的变化，由班组为单位的小互助活动扩展为全公司的大互助活动，能够更加切实地解决职工所遇到的实际困难。统计发现，职工工作环境较好、平均年龄偏低的单位向职工工作环境较差、平均年龄偏高的单位作出了贡献，互助互爱的精神不仅体现在个人与个人之间，更体现在单位与单位之间，不仅体现在本单位的工友之间，更体现了武钢大家庭的工友之情，亲人之爱，进一步增强了武钢职工的凝聚力。

（四）重大疾病医疗互助活动坚持以人为本，极大地调动了职工参与的积极性

重大疾病医疗互助活动是一项全新的工作，由于坚持以人为本和互帮互助的理念组织开展这项活动，职工从不理解、不认同发展为充分认可和积极参与。职工参加了重大疾病医疗互助活动后，如果当期享受了互助金给付待遇，可以说是给自己保了一份平安；如果当期没有享受互助金

给付待遇，则可以说是为别人献了一份爱心，这样于人于己都有利的事就能得到职工认可。同时根据职工的要求和互助资金收支情况，不断完善重大疾病医疗互助活动，互助责任由两项扩展为五项：第一期为医疗和身故救助，第二至四期逐步增加意外伤害救助、住院补助和职工退休后三年内可享受互助金待遇。重大疾病医疗互助活动不断惠及广大职工，职工参与率逐年提高。第一期参加职工为67802人，参加对象为全民职工，收缴互助金682.59万元；第五期参加职工达95261人，参加对象为全民、集体、代理及派遣制职工，收缴互助金1028.01万元。职工参与率由第一期的77.62%上升到第五期的93.66%，参加职工增加27459人，收缴互助金增加345.42万元。

（五）重大疾病医疗互助活动不断推进，创新了工会扶贫帮困送温暖品牌工程

武钢在“十一五”期间认真开展基本消除贫困职工家庭工作的同时，积极探索开展预防职工遭遇贫困的工作，根据因病致困是职工贫困的主要原因的实际情况，尤其注重开展防止职工因病致贫的工作。组织开展职工重大疾病医疗互助活动，职工参加后患重大疾病可获一份3万元、两份6万元的互助金待遇，身故后遗属可获一份1万元、两份2万元的互助金待遇，较好地解决了职工因病因灾致困的问题。武钢“十一五”期间基本消除贫困职工后，至今未产生一名贫困职工。武钢工会扶贫帮困送温暖工程的内容更加丰富和实在，取得的效果也更好更实。

（六）重大疾病医疗互助活动切实推进了和谐企业的建设和发展

开展职工重大疾病医疗互助活动，切实保障了职工群

众的医疗需求和基本生活，进一步稳定了职工队伍，巩固了和谐劳动关系，并促使其长效发展，推进了武钢第三次创业，充分体现了企业的社会责任感，为推动和谐企业与和谐社会建设进程发挥了巨大作用，受到了各级领导、广大职工和社会各界的好评。

第六节　为基层一线班组配送“关爱箱”

“关爱箱”是武钢工会为基层一线班组职工在工作岗位上配置的，装有基本药品、医疗器具和日常用品的专用箱。为更好地维护职工在劳动过程中的生命安全与健康权益，保护职工立足岗位干好每一天，2010 年，武钢工会按照“常用、安全、方便、有效”的原则，开展了为全公司所有一线班组送“关爱箱”的活动。截至 2012 年 4 月份，武钢工会为一线班组、车间、科室及机关各部处室赠送“关爱箱”13448 个，实现了“关爱箱”的全覆盖，成为工会组织“关爱每一天”工作的又一新举措。

一、开展专题调研，决定为一线班组配置“关爱箱”

2010 年年初，武钢党委常委、工会主席马启龙在基层调研时，听到许多一线职工反映，在岗位上遇到意外伤害却缺乏急救药品，夜班时有的班组缺少应急照明设备，工装破旧时没有缝补针线等问题，同时也了解到个别单位配备的“急救箱”深受广大职工的欢迎。他要求集团公司工会组成调研专班，深入车间、班组，当面倾听职工的意见和想法，了解一线职工的困难及实际需求。

武钢工会召开主席办公会，决定为全公司一线班组配置“关爱箱”。一是以满足一线班组职工需求为主，结合各单位实际，开展统计调查工作。二是明确“关爱箱”中的物品按照“常用、安全、方便、有效”的原则配置，分为外用医药用品、医疗器具及日用品三类22个品种。三是开展“关爱箱”的管理工作，确保持久、规范、到位。

二、进行试点，满足职工安全工作的需要

2010年10月，武钢工会为炼钢总厂等9家单位1078个基层班组配送“关爱箱”。通过职工亲自试用，工会指导检查，一线职工为“关爱箱”的配备及管理提出了很多合理化建议，为后期工作的全面展开打下了坚实的基础。有的单位设计了“关爱箱”使用登记表，其中详细注明了每种药品的功效、使用期限、用法用量等，为武钢工会进一步完善管理办法提供了有效参考。通过试点运行，“关爱箱”得到职工欢迎、党政普遍认可。2010年12月，武钢工会为所有一线班组配置“关爱箱”7700多个。2011年，武钢工会为海南公司以及重组企业柳钢、昆钢股份公司、鄂钢公司等单位一线班组送“关爱箱”3812个，促进了重组企业文化的融合。2012年，武钢工会又为全公司1936个车间、科室配置了“关爱箱”。

三、建立健全“关爱箱”管理制度，推进服务职工活动纵深发展

（一）建立健全规章制度

武钢工会相继制定下发《武钢班组“关爱箱”管理办

法》及《关于建立“关爱箱”管理台账的通知》等文件，明确“关爱箱”的主要适用范围、各级管理层的主要职责及检查考核办法等。“关爱箱”实行“统一配置、分级管理、责任到人”的管理原则。武钢工会权益保障部对全公司各个班组的“关爱箱”归口管理，各单位工会负责本单位所有“关爱箱”的管理，明确一名工会干部为责任人，由工会主席负总责。“关爱箱”的日常管理实行“专人负责、定置管理”。

（二）创新管理模式

各基层单位还结合自身实际情况，根据不同班组的工作性质、倒班情况、场地条件等客观因素，分别制定厂级、车间级甚至班组级的管理办法，形成了各具特色的管理模式。有的单位专门定制了“关爱箱”放置柜，并统一配置文件夹，以方便做好物品清单及使用记录等。有的单位根据职工工作岗位性质，在“关爱箱”中又加配了一些物品，如烫伤膏、速效救心丸、穿针器等。有的单位在组织集体活动时，由工作人员随身携带“关爱箱”，以防止意外发生。有的单位还将“关爱箱”带到了职工通勤车上，为职工上下班途中又增添了一份保障。

（三）加强监督检查

工会采取检查和互查等多种方式，定期或不定期对“关爱箱”的管理情况进行检查，在总结宣传基层单位好做法的同时，也对检查中发现的问题及时督促整改，检查结果纳入武钢班组竞赛考核和工会“双争”竞赛评比工作。工会还利用武钢工人报、武钢工会网站、《班组学习》进行“关爱箱”管理和职工健康知识的系列宣传，进一步提高职工的安全、保健意识。

四、力求实效，把“关爱每一天”落到实处

武钢工会不断深化“关爱每一天”理念，将关注职工健康状况、引导职工健康生活作为突出“维权关爱每一天”的重要内容，大力推进和谐武钢建设。为此，武钢工会还延伸“关爱箱”的关爱内涵，组织编制了《职工权益与健康》丛书，丛书分为《国家法规篇》《武钢文件篇》《职工健康篇》3册，汇集了30个关于劳动合同、社会保险、集体合同等方面的国家、省、市法律、法规及武钢相关政策文件。武钢工会向一线班组赠送近万套《职工权益与健康》丛书，为职工维权提供了法律和政策支撑，引导职工树立健康生活理念。同时组织开展“关爱职工健康行”巡回讲座活动，邀请医疗专家为广大职工普及健康知识，更好地引导职工树立科学健康的生活方式，增强职工预防疾病的能力，全面提高职工的身体素质。

第七节　实施大学生职工购房首付款贷款办法

随着国家住房制度的改革，职工福利分房制度的终止，年轻大学生职工面临住房困难问题。为解决新来武钢就业的大学毕业生职工的住房困难问题，排除其生活中的后顾之忧，吸引和留住优秀大学生服务武钢，不断提高武钢在市场经济中的核心竞争能力，2005年8月武钢出台大学生购房首付款贷款实施办法，支持大学毕业生职工购买商品房解决住房困难问题。武钢为大学毕业生职工购买商品住房的首付款提供低息贷款，通过帮助解决首付款资金来源问题，切实解决大学毕业生职工购买商品房的首要难题。这项措施由武钢工会负责实施。目前，武钢共计投入资金1.14亿元用于大学生职工购房首付款贷款，共审核发放贷款1043人次计9545万元，为武钢大学生职工安居乐业、奉献武钢发挥了良好作用。

一、制定完善的实施办法，不断加强资金管理

根据集团公司要求，为把大学生购房首付款贷款这件好事办好办实，武钢工会主动和武钢相关部门和单位积极开展调查研究工作，广泛听取了大学生职工的意见及建议，不断修订完善管理办法。

2005年8月，武钢制定下发《武汉钢铁（集团）公司大学生购房首付款贷款实施办法》。2006年5月，下发《关于调整“武汉钢铁（集团）公司大学生购房首付款贷款实施办法”相关条款的通知》，将贷款额度最高6万元调整为10万元，将还款方式为“贷款期限内等额还款”调整为“贷款合同签订之日起两年内可以不偿还本金（但仍需支付利息）”，进一步帮助大学生减轻了贷款负担和还款压力。

根据运行中出现的新情况新问题，2008年1月，武钢修订下发了《武汉钢铁（集团）公司大学生购房首付款贷款基金管理办法》。2010年4月，根据国家《劳动合同法》相关规定，结合实际操作中资金管理及运作方式等因素，重新修订下发了《武汉钢铁（集团）公司大学生职工购房首付款贷款资金管理办法》（下文简称《办法》）。通过不断修订完善管理《办法》，进一步加强了贷款资金的管理，有效控制了资金运作的风险，确保了大学生职工购房首付款贷款工作的顺利开展。

二、明确贷款对象，发挥资金作用

《办法》规定大学生职工购房首付款贷款的对象为国家统一招收、武钢统一接收的具有本科及以上学历的大学毕业生职工（含医疗、教育专业的大学专科毕业生职工）。

大学生职工购房首付款贷款由武钢委托银行对符合条件的大学毕业生职工进行发放。大学生职工购房首付款贷款只能用于大学毕业生职工夫妻双方的第一套购房首付款，不得挪作他用。

三、强化监督管控，确保资金有效运作

（一）明确资金渠道

大学生职工购房首付款贷款资金由武钢拨付，资金规模由武钢大学生职工购房首付款贷款资金管理委员会报集团公司批准后确定。

（二）明确资金管理职责分工

武钢成立大学生职工购房首付款贷款资金管理委员会，负责大学生职工购房首付款贷款资金提取与使用方针政策的制定、资金规模和运行方式的变动调整等决策管理。武钢分管领导担任委员会主任，成员单位由武钢工会、人力资源部、经营财务部、审计部、纪委（监察部）、运营改善部（法律事务部）、武钢后勤集团房产公司组成，下设武钢大学生职工购房首付款贷款资金日常管理办公室，办公室设在武钢工会，负责组织、协调资金日常管理工作。

四、理顺审批程序，保障资金安全

（一）明确资金运作管理方式

规定购房首付款贷款对象必须具备的条件：即借款人必须在武钢连续工作两年以上，且近两年考评达到称职及称职以上；借款人已婚；大学生职工首付贷款用于购买第一套自住房，且大学生职工所购房产须以本人名义办理购房手续；在中国人民银行个人诚信系统上的借款人及其配偶的信用档案中无购房贷款及不良信用记录；夫妻双方同时符合贷款条件的，只能由一人享受和申请贷款；借款人应有贷款人认可的能够承担连带责任、具有足够偿还能力的第三方保证人作担保，也可由借款人单位作为担保人与贷款人订立书面保证合同；同时借款人须与武钢签订贷款协议书，明确相关责任、权利和义务。

（二）明确贷款期限及额度

贷款期限最高为10年，贷款额度最高为10万元，贷款利率比照同期国家住房公积金贷款利率减半执行，银行收取的手续费由借款人承担。具体贷款期限和额度由大学生本人根据自身情况申请，集团公司依据条件核定。

（三）理顺申办及放贷程序

1. 借款人填报《武汉钢铁（集团）公司大学生职工购房首付款贷款申请审批表》，提供借款人本人身份证、毕业证、学位证、结婚证原件及复印件、借款人配偶身份证原件及复印件，经借款人所在单位审核确认后，上报武钢人力资源部、房产管理部门审批，武钢工会根据人力资源部提供的审批名单在《武钢工人报》上进行公示，公示时间为三天，公示有效期为三个月。

2. 公示期满后，借款人携带身份证原件到指定银行打印借款人及其配偶的个人信用报告，并凭身份证、特别服务协议（一式三份原件）到公司人力资源部领取《武钢大学生职工购房首付款贷款申请审批表》；再将《武钢大学生职工购房首付款贷款申请审批表》、由银行出具的借款人及其配偶的个人信用报告原件（三天内有效）、购房合同和商品房认购书等相关购房证明的原件及复印件、卖方收款账号等资料交至武钢经营财务部进行审核，经审核无误后，由计划财务部开具放款通知单。武钢工会确认借款人公示及审批程序无误后，凭放款通知单开具支票给贷款银行。

3. 借款人凭《武汉钢铁（集团）公司大学生职工购房首付款贷款申请审批表》及本人身份证到贷款银行办理贷款手续，并签订贷款合同；借款人实际购房时间不超过贷款后的一个月。

4. 借款人将《武汉钢铁（集团）公司大学生职工购房首付款贷款申请审批表》交至本人所在单位人力资源部，并在收到贷款后的一个月内将有效购房证明交至武钢经营财务部。

5. 对符合贷款发放条件的大学生职工，由贷款银行将贷款直接发放到借款人指定房地产开发商账户或借款人所购买二手房的卖方账户。

6. 借款人应按照委托贷款协议，按期偿还贷款。借款人从贷款合同签订之日起，两年之内可以不偿还本金（但仍需支付利息）；从第三年开始至贷款到期为止，每月等额偿还本金及利息，可以提前还款，不可延期还款。

第八节　强化女职工权益保护

女职工合法权益和特殊利益包括：劳动权利、申诉权利、“五期”（即经期、孕期、产期、哺乳期、更年期）保护的权利、不从事法律禁忌的劳动权利，及在政治、经济、社会和家庭生活等方面有与男性平等的权利。武钢工会女职工委员会根据女职工的生理特殊性，及其担负着企业、社会和家庭等多重责任的现状，通过加强女职工组织建设，建立女职工劳动保护制度，并从女职工保护监督检查等多途径、多渠道入手维护女职工的合法权益和特殊利益。特别是面对严峻的钢铁行业形势，女职工权益保护专项集体合同覆盖率达 100%。

一、普遍建立基层工会女职工组织，实现工会女职工组织全覆盖

武钢工会女职工委员会在上级工会及武钢工会委员会的领导下，按照《工会章程》《企业工会工作条例》《工会女职工委员会工作条例》的有关规定，严格落实工会女职工组织建设和工会组建工作同步部署、同步推进、同步考核的要求，围绕企业生产经营中心，不断加强女职工组织自身建设。

（一）健全三级组织网络

已经形成“公司、厂矿、车间”三级女职工工作组织网络体系，探索出一套组织运作、层层负责、联动管理的

工作模式，保证女职工工作有组织、有计划、有步骤的展开。目前，武钢工会女职工委员会委员27人，武钢工会女副主席担任主任委员，厂处级女领导担任副主任委员，委员代表来自方方面面，有公司行政部门的女管理者、有医疗机构的专家、有基层一线的女劳模、先进女职工等。全公司80家基层厂矿全部组建工会女职工委员会，900多个车间全部建立了工会女职工委员会或配备了女委员。

（二）规范三项组织制度

1. 工作制度。制定《武钢工会女职工委员会工作条例》《武钢女职工劳动保护规定》和《基层工会女职工组织考核细则》，明确工作任务和职责。

2. 会议制度。每季度召开一次女工干部例会，每半年召开一次女职工委员会全委（扩大）会议，每年“三八”节前召开一次表彰大会，通过各类会议集中研究部署女职工工作，总结推广基层经验做法，纪念表彰女职工先进集体和个人。

3. 分级负责制度。建立公司、厂矿、车间三级工会女职工组织的负责制，各级工会女职工组织履行“第一责任人”的职责。

（三）提升三种组织能力

武钢工会女职工委员会始终注重女职工组织的能力建设，最大限度地激发组织的活力。通过“送出去、请进来”、“以会代训”、轮岗交流、挂职锻炼等方式，全方位、系统性地培养女工干部，提高了女职工组织的战斗力。通过开展各种劳动竞赛，激发女职工参与企业建设的热情，增强女职工组织的凝聚力。在每年“三八”系列活动中，结合武钢生产经营重点求突破、求创新。如通过举办“巾帼十杰”、“武钢投产50年，寻找巾帼第一人”、“安全和谐进万家”、“武钢女职工自主创新年”等活动，提升女职工组织的影响力。

二、普遍签订女职工权益保护专项集体合同，实现女职工劳动保护全覆盖

武钢历来重视女职工劳动保护工作，坚决贯彻落实国家、省市有关规定，特别是全国《女职工劳动保护特别规定》《湖北省女职工劳动保护规定》。自2008年以来，武钢连续签订两轮《武钢女职工权益保护专项集体合同》，实现了100%合同覆盖率。

（一）坚持源头参与，以制度作保障

从2007年起，积极推进女职工权益保护专项集体合同工作，在广泛动员、培训、调研的基础上起草《武钢女职工权益保护专项集体合同》范本，并征求公司职能部门、各单位工会和女职工的意见。在2008年武钢职工代表大会上，与武钢集体合同一并签订，并在全公司范围内公布，2011年续签。全公司独立法人单位及集体企业全部签订了女职工专项合同，合同覆盖面达100%。

依据国家及地方法律、法规，武钢在1992年制定了《武钢女职工劳动保护规定》，1994年作了补充规定，2001年进行了修改完善，2011年根据形势发展和女职工的实际需求重新修订，并以武钢行政文件下发。在国务院《女职工劳动保护特别规定》颁布实施后，武钢通过工会网站、基层单位宣传栏、送发宣传册、到基层单位开设《女职工劳动保护》专场讲座等多种途径和手段在女职工中广泛宣

传国家新规定内容，结合武钢实际进行对照宣讲，并与公司相关职能部门沟通，以便更好地贯彻和落实女职工相关待遇。

（二）重视妇女病普查普治工作

武钢建有专门的妇女病普查普治楼，还投资300多万元用于改善普查工作环境和条件。在2011年初的武钢工会女职工委员会扩大会上，提出“建议公司将妇女病普查由两年一次改为一年一次”，通过与武钢行政职能部门的多次沟通和协商，最终在武钢职工代表大会上将此事确定为2011年武钢为职工办实事内容之一，明确了将妇女病普查周期由两年一次改为一年一次，进一步加大了对女职工身体健康的关爱。

（三）坚持改善女职工劳动条件

通过技术改造和技术更新，降低了女职工的劳动强度。在工作现场专门建立女职工更衣、休息室，在工作场所如天车上安装空调。在“两穿一戴”中，专门为女职工发放护发帽，还专门为一线女职工发放护手霜和防划伤手套。有的基层单位为高空作业的女职工配备了驼毛裤，以抵抗冬天高空作业时的寒风。各基层单位根据情况设立了女职工卫生室。女职工卫生室建立健全了各项管理制度，在硬件上也加大投入，成为了“女职工健康之家”。

（四）坚持普及科学知识，倡导健康生活

每年开展“万名女职工进课堂”活动，举办知识讲座，发放女职工健康手册，普及新知识、新理念，在女性生理和心理健康等方面给予帮助和指导，积极宣传女职工劳动保护的法律法规政策。武钢还结合全总“面对面、心贴心、实打实地服务职工在基层”活动要求，开展“关爱职工健康行”活动，将女性心理健康、如何做好女职工工作、科学用药、现场急救、健康生活等课程通过集中和巡回讲座的形式送到广大女职工身边、送到一线。

（五）坚持监督检查女职工劳动保护工作

每年组织女职工代表对公司女职工劳动保护情况进行巡视督察活动，了解女职工关心的问题，将检查情况在当年的《武钢集体合同履行情况的报告》中予以反映，并在职工代表大会上进行通报。

三、开展女职工自主创新活动，拓展女职工劳动权利维护渠道

武钢工会女职工委员会以推动武钢技术进步和提高女职工创新能力为重点，以“女蓝领工作室”为抓手，着力开展女职工自主创新活动，为女职工施展才华搭建平台，促进女职工进一步参与武钢生产经营活动。

自 2011 年“三八”节期间创办首个以女职工个人名字命名的“女蓝领工作室”之后，武钢相继建立了 9 个“女蓝领工作室”。每个工作室都建立了专门的管理制度，明确了工作室人员组成、技术攻关选题范围，制定了技术交流、技术培训规划，有检查、有督促、有落实、有评价。

武钢工会女职工委员会将“女蓝领工作室”作为一个平台，构建了女性蓝领人才成长的培训基地；作为一条渠道，成为女性技术创新人员的交流中心；作为一种手段，打造女职工自主创新和科技攻关的实践载体。

第四章　和谐健康快乐每一天，培育先进企业文化

HE XIE JIAN KANG KUAI LE MEI YI TIAN PEI YU XIAN JIN QI YE WEN HUA

“和谐健康快乐每一天”，是武钢工会“四个每一天”工作理念之一，生动地诠释着快乐文化对企业文化的重要性。文化是企业之魂，快乐是幸福之本，有了快乐文化的氛围和环境，才能凝聚人心，激励职工，使企业充满生机活力，持续稳定地发展。

武钢工会历经数年打造了“迎新长跑”、“武钢之春”、“五一之歌”、“武钢之夏”等四大有影响力的文体活动品牌。这四大活动的形式年年都有创新，并注重突出时代特征，诠释企业核心价值理念。

武钢工会以“快乐班组”活动打造和谐班组文化，以“低门槛、广覆盖”，让每一位职工都参与、都快乐作为工作目标，开展了快乐班组·横班乐、快乐班组·健康行、万名职工欢乐行、广场文化等一系列职工喜闻乐见并广泛参与的活动，调动了一线班组职工的工作积极性，增强了班组的凝聚力和战斗力。

武钢职工体育协会将体育活动融入到职工生活之中，坚持开展各类大众竞技比赛活动，创新开展“上下工序心连心”大众体育趣味比赛、工间广播操、太极拳培训班等一系列趣味性强、简便易行的体育健身活动，增加活动的

趣味性和观赏性，激发职工参加体育锻炼的兴趣，促进了全民健身运动的开展。

武钢职工文化艺术协会的艺术家们深深地眷念武钢这片热土，以辛勤的汗水创作出了大量感人至深的艺术作品，为武钢的文化建设增添了光彩。

武钢文工团在热情地为武钢职工服务的同时，走向了全国舞台，走向了国际舞台，成为武钢对外展示的一张亮丽名片。

创刊长达50年的《武钢文艺》是工人作家的摇篮，文学人才层出不穷，文学作品硕果累累，极大地丰富了企业文化，使“文学武钢”享誉全国。

武钢工会所属的职工活动中心、图书馆、工人剧院、工人文化宫、体育馆等职工文化阵地以凝聚职工、促进企业文化建设、丰富职工业余文化生活为己任，充分发挥文化阵地的辐射功能，因地制宜，勇于创新，丰富了职工业余文化生活，促进了社企和谐。

第一节 做优“四大传统活动”品牌

企业文化需要传承和创新。最好的传承方式之一就是打造职工文化活动品牌，并通过持续开展使之成为一项传统文化活动。只有这样，这些活动才有影响力，职工才有参与热情和认可度。只有职工积极参加活动，它所承载的文化内涵才会逐渐被职工所接受。

为满足职工对精神文化生活的需求，武钢工会坚持

"和谐健康快乐每一天"的工作理念，结合企业实际开展了丰富多彩、积极向上的职工文化体育活动，其中"五一之歌"职工演唱会于2009年获得湖北省屈原文艺奖文艺活动品牌奖。"迎新长跑"活动也多次被新华网专题报道。"武钢之春"、"武钢之夏"多次被省、市电视台报道。

一、打造"四大传统活动"企业文化品牌

（一）"迎新长跑"

当新的一年来到时，职工以什么样的姿态迎新，企业以什么样的姿态迎新，关系到企业新一年的精神风貌。"迎新长跑"这项活动在武钢一开展就是32年。20世纪80年代，在武汉市青山区红钢城社区街道，每年元旦早晨，武钢工会会组织"迎新长跑"，二级单位各年龄段职工报名参赛，以分组赛，取个人名次进行。随后几年，又增加了团体项目即二级单位以集体方阵的方式参加，以最后一人到达成绩记名次。这一期间，该项活动以竞技为主。

到2000年，随着全民健身运动意识的提高，"迎新长跑"的形式发生了较大的变化。新年第一天，武钢工会在武汉市青山区主干道旁搭建舞台，以威风锣鼓、腰鼓、舞狮及多种体育项目表演（如健身操、抖空竹、柔力球表演）拉开序幕，近40家单位2000余人组成的方阵参加长跑活动，武钢领导带头跑在队伍的最前面，和广大职工一起以这种传统的方式迎接新年。

（二）"武钢之春"

这项活动是由20世纪80年代初"武钢新春乐一条街"活动演变过来的。"一条街"活动的时间一般选在春节的初

二或初三，地点在红钢城街道道路两侧，利用小学、体育馆开展游艺活动，还开办有小商品交易和书市等。1987 年，武钢工人文化宫竣工后，这项活动就搬进了室内，同时，遍布社区的文化站也承担了“一条街”活动的部分内容。1988 年开始，“武钢之春”代替了“一条街”。至今，“武钢之春”系列活动已坚持了 32 年。近几年，此项活动从内容到形式都有较大的创新。

（三）“五一之歌”

“五一之歌”是武钢“五一之歌”职工演唱会的简称，从 1981 年开始，每年“五一”前夕举办。“五一之歌”职工演唱会每次均有 2000 余名职工在武钢体育馆纵情放歌，唱出对生活的热爱，唱出作为一名武钢人的光荣和自豪，以此庆祝自己的节日——“五一”国际劳动节。这项活动在展示武钢人精神风貌、凝聚人心、凝聚智慧、凝聚力量方面发挥了重要作用，深受职工群众喜爱。

（四）“武钢之夏”

武钢从 1980 年开始组织“武钢之夏”活动，涵盖集团公司和二级单位的 20 余项广场文化活动，具体内容包括戏曲、歌舞比赛，文艺演出、露天电影，游泳、球类、棋牌，书法、绘画、摄影等各类培训班协会活动，以及纳凉娱乐活动等，极大地丰富了暑期职工业余文化生活。

二、丰富“四大传统活动”品牌文化内涵

在传统活动中创新，是为了让活动更有吸引力，不断满足企业的新要求及职工不断增长的精神需求，扩大企业文化的影响力。

“迎新长跑”、“武钢之春”、“五一之歌”、“武钢之夏”这四项活动分别承载的文化内涵为：新年起步、健康和谐、激情创业、快乐生活。这“四大传统活动”的形式年年都会有所创新，并注重突出时代特征与现实意义。

（一）新年起步

每年，武钢工会根据公司的生产经营实际，为这些活动确定鲜明的主题，具体诠释企业所要表达的价值理念。以“迎新长跑”为例：2009 年金融危机对企业带来严重影响，其主题是“应对新挑战，奔向新目标”；2010 年，市场形势仍然严峻，需要继续鼓劲，于是主题被确定为“艰苦奋斗，勇往直前”；2011 年，是“十二五”开局之年，又是创先争优活动深化之年，所以主题被定为“崭新起点，创先争优”；2012 年，面对钢铁行业的“严冬”形势，提出“迎难而上，跨越向前”的新主题。

这些与时俱进的职工文化活动给职工精神带来了积极的影响。在活动中，武钢工会系统围绕大主题又定出各条战线和各单位的小主题，通过展板、模型、道具、表演等展示出来，同时又深化、拓展了大主题。这一过程，让广大职工准确体会到这一活动的重要意义，同时振奋了职工的精神。

（二）健康和谐

近几年来，武钢工会加大力度丰富“武钢之春”系列活动内容和形式。从 2010 年开始，每年春节前夕，工会组成文化服务小分队下到基层 10 多家单位食堂“送欢乐、送安全”，为职工撰写春联上千幅，赠送安全漫画年历、菜谱 6500 份，为职工现场制作剪纸作品上百幅，受到职工欢迎。

春节期间，开展“新春乐进社区”活动，在7个社区开展游艺活动或开展“新春乐一条街”活动：活动集中在青山区钢都花园126街坊一条街上开展，10多个基层单位参加，并自备小奖品，举办猜谜、飞镖、踢毽子、跳绳、投圈、转钟、换客、剪纸、画人物肖像漫画等10余个项目，吸引众多职工和家属积极参与，极大地丰富了职工家属的春节文化生活。另外，在近20个社区大门扎制风格各异的门楼，门楼制作精良，气势宏伟，营造了祥和的气氛。

元宵节期间，制作元宵灯展近20组，元宵灯会、灯谜活动以武钢工人文化宫为中心向社区辐射。武钢工会所属的钢都、钢花、白玉山三个活动中心，还分别举行正月十五猜谜及游艺活动。万条灯谜有奖竞猜，灯谜竞猜点十几个，活动点多面广，受到职工及家属的欢迎，增强了武钢职工文化活动在社区的辐射力、影响力。

（三）激情创业

30多年来，“五一之歌”职工演唱会，见证了武钢改革发展的历程。尤其是近几年，更是紧扣公司生产经营和改革发展的中心，举办了以“为创业而歌唱”、“克难攻坚，再创辉煌”、“奔向十二五，同唱幸福歌”等为主题的“五一之歌”职工演唱会，突出反映了武钢全面推进第三次创业、应对金融危机、推动科学发展的壮举。

“五一之歌”职工演唱会在形式上不断突破。从最早的方阵拉歌、轮唱，到形成方阵和中心舞台两大区域，再到现在的方阵与中心舞台的有机相连和方阵演员的板块移动；从单一的群众演唱会到增加“五一”、“五四”表彰内容的文艺综合晚会，“五一之歌”活动坚持不懈求新求变，与时俱进，着力创新，追求完美，使得“五一之歌”职工演唱会常唱常新，永葆生命活力。2009 年，在“五一之歌”职工演唱会上，武钢集团“四钢”（即：武钢股份、柳钢、昆钢股份、鄂钢）职工首次联袂在武钢体育馆中心舞台上载歌载舞，显示出集团文化融合的活力。

武钢“五一之歌”职工演唱会的举办和发展，始终受到公司领导的高度重视。特别是近些年，公司领导更是将它作为加强企业文化建设，增强职工凝聚力，提高企业文化软实力的一个重要载体，并亲自参与策划、拨经费、给时间，保证了此项活动即使在受到 2008 年金融危机的冲击时也未间断。武钢领导不但年年参加演唱会，而且要求厂处级领导干部组成方阵与职工一起演唱，为加强企业文化建设起到了表率作用。

“五一之歌”还凝结着武钢文艺工作者的心血和智慧，得到广大职工的热情关注和踊跃参与，也培养了成百上千的基层文艺骨干，促进了职工文化建设的发展。它已成为武钢企业文化和文化软实力的重要组成部分。

（四）快乐生活

近几年来，在抓好“武钢之夏”消暑纳凉等娱乐活动的同时，武钢工会还着力在服务企业中心工作方面创新。夏季是企业安全工作的特殊时期，增强职工的安全意识应成为文体工作的重点，即让职工在文艺节目中接受安全教育。从 2008 年开始，每年 6 月，武钢工会就组建文艺小分队下基层，利用午餐时间在各单位食堂演出，以文艺形式为职工讲形势，讲安全。到 2012 年，文艺宣传小分队分别以“讲形势、讲任务、讲责任、讲贡献”，“赞劳模、创新业”，“落后遭淘汰，创业促发展”，“展成就、绘蓝图、颂先进、讲安全”，“讲安全、降成本、创效益、展宏图”为主题，运用群口快板、独唱、小品、曲艺说唱等艺术形式，寓教于乐，取得较好效果。五年来，文艺小分队下厂矿演出共60多场。

“武钢之夏”的另一重头戏是内容丰富的广场文化活动。紧扣企业发展中心，唱响主旋律，让这几年的武钢广场文化活动影响日益增大。

为了迎接北京奥运会开幕，2008年8月7日，武钢在工人剧院广场举行了职工文化大型展示活动，组织了升旗仪式和威风锣鼓、体操、太极拳、排舞等表演。

新中国成立60周年前夕，举办了历时3个月的“热爱武钢，歌颂祖国”武钢职工广场文艺汇演活动，40余家单位参加，演出70多个节目。

在2010年举办的“爱武钢促发展”职工激情广场歌咏大赛中，赛制的创新受到欢迎。参赛团队以合唱、小组唱、独唱三种形式演唱，三项加起来分数高的才能取得好成绩，打破了以往一个单位，仅凭一项优势或一个人的特长就摘金夺银的现象，吸引了更多职工的参与，推动了基层群众歌咏活动的开展。

2011年和2012年夏季，工人剧院广场又分别迎来了“创先争优，党旗飘扬”、“喜迎十八大，争创新业绩”职工歌咏大赛。在这两年的歌咏活动评奖中，又进行了改革创新，按照参赛单位表现最突出的方面，评出演唱奖、风貌奖、创新奖等。此举让二级单位参加歌咏活动的热情高涨，节目质量大幅提高。

第二节 开展“快乐班组”活动

班组是企业的细胞，班组职工团结快乐，企业就会更加和谐。以文体活动调动班组的工作积极性，增强班组的凝聚力和战斗力，更好地服务武钢，一直是武钢工会的工作重点。为此，武钢工会从2007年开始组织“快乐班组”活动，引导班组职工广泛参与到活动中来，取得了良好效果。

一、确立“快乐班组”职工文化活动突破口

（一）“快乐班组”大赛

武钢工会在探索并实践“四个每一天”工会工作格局，特别是实践“和谐健康快乐每一天”的过程中，在2007年组织策划了武钢“快乐班组”大赛，以自编自演为主，设置了自报家门、真情流露、才艺展示三个比赛项目，采用广场演出的形式，在工人剧院广场搭台举行。本次大赛共有780个班组1万余名职工参加选拔赛，通过14场片赛、8场决赛，层层选拔，最后有8个班组进入公司的总决赛。观看比赛的职工和家属达3万余人次。

刚开始，从厂矿选拔出来的“快乐班组”创作水平还不太高，表演技能还不太成熟，经过专业人员辅导和打磨后，参赛职工在表演能力和艺术水平上得到了提高。例如，武钢矿业公司程潮铁矿劳模班的节目，经过专业人员的辅导，顺利进入了公司的总决赛。该节目通过说、唱、跳等表演形式，使作品节奏欢快，内容充实，让人耳目一新，

经久难忘。这次赛会，780 个参赛班组的很多职工都是在大家的鼓励和期待中第一次登上舞台，讲述了自己的故事，讲述了发生在身边的故事，将工作和生活中的感人事迹和片段通过文艺形式在舞台展示出来，将展示性、观赏性融为一体，给职工和家属带来了思想上的启迪、精神上的愉悦、情感上的共鸣、审美上的享受。

(二)“快乐班组”活动

在“快乐班组”大赛的基础上，2008 年，武钢工会进一步完善“快乐班组”活动项目，56 个基层单位 107 个班组 1000 余人参加了系列活动，包括四个游戏项目：集体跳绳、滚铁环、丢沙包、打碑，活动不受场地、道具、人员的限制，简单易学，激起了大家对童年的美好回忆。

为了增进班组职工之间的团结和友谊，武钢工会在“快乐班组”活动项目的基础上又进行改进，从文艺性的和一般性的娱乐活动向体育活动转变。从 2009 年起，每年举办成建制班组的保龄球大赛，将全公司的基层单位分成 5～6 个组，每个组先进行预赛，取小组前三名进入决赛。武钢工会组织了“快乐班组双升比赛”，经过选拔的 100 多名班组职工参加比赛，在班组普及了扑克牌“双升”项目。2010 年，还举办了以“安全在我心中”为主题的演讲比赛，在二级单位开展演讲活动的基础上，来自公司 35 个单位的 94 名一线班组职工参加 4 场预赛 1 场决赛，使“学安全，讲安全”的理念深入人心，深入班组。

二、推广“快乐班组”全员参与活动的理念

(一)“快乐班组·横班乐”活动

武钢工会将“低门槛、广覆盖”，让每一位职工都参

与、都快乐作为“快乐班组”活动的目标。在基层单位大力推广“快乐班组·横班乐”活动。“快乐班组·横班乐”活动是根据甲、乙、丙、丁和常白班的班次，利用休息时间，分多批组织的活动。人人都能参与，生产又不受影响。在活动中，设置大家都能参与的文体项目，将简单而又有趣味的踢毽子、跳绳、投圈，将传统而普及的“双升”、棋牌、卡拉ok、垂钓等项目引入到快乐班组活动中来，形式多样，内容丰富多彩，取得了很好的效果。

目前，全公司有超过50%的单位开展了“快乐班组·横班乐”活动。很多职工感慨地说：“原来都说饭菜里有钢铁，其实健康向上的文体活动里面一样有钢铁”。武钢工会还与营销总公司工会联办了“快乐班组·健康行”活动，为分布在全国各地的销售区域公司赠送文体用品，并指导他们开展贴近自身实际的“快乐班组”活动。

（二）“万名职工欢乐行”活动

2011年，武钢工会为更好地丰富班组一线职工的精神文化生活，精心策划并组织开展了“万名职工欢乐行”系列活动。组织基层一线先进模范代表赴京观光并到国家大剧院看大戏。观光团中既有一线特等红旗班组长、劳动模范，又有武钢工会工作标兵和公司巾帼十佳等。在国家大剧院，先进模范代表们观看了话剧《四世同堂》、欣赏了中外经典名曲音乐会等，感受到了经典艺术的魅力。在国家大剧院、在鸟巢、在长城上、在北戴河大海边，观光团成员合影留念，定格下永恒的纪念。武钢工会还组织10多批荣获“降本创效明星”的职工赴港澳旅游。

2011年，公司工会组织一线班组职工到汉阳琴台音乐厅欣赏交响音乐会，邀请省市文艺团体到武钢为职工专场演出方言喜剧《一枪拍案惊奇》、歌剧《洪湖赤卫队》、话剧《裂变·1911》等，参与系列活动的职工达1.6万人次。2012年，武钢工会加大“万名职工欢乐行”活动的人力、物力、财力投入力度，邀请省市文艺团队到武钢为职工专场演出大型都市风情歌舞剧《水墨江城》、张明智师徒举办湖北大鼓演唱会等，组织职工到武汉杂技厅观看杂技等，参加职工超过2.6万人次。“万名职工欢乐行”活动的持续开展，让更多的一线职工感受到企业对广大职工的人文关怀。

“快乐班组”活动是武钢职工文化活动的一大创新，也是武钢工会践行“和谐健康快乐每一天”工会工作理念的一项创举。“快乐班组”活动在内容和形式上贴近生活、贴近班组，具有凝聚力和感染力，不仅为广大职工搭建了一个展示自我、快乐工作、快乐生活的大舞台，也打造了一个职工文化活动的好载体，增进了班组职工的团结和友谊，进而为全面推进武钢第三次创业凝聚了人心、力量和智慧。

第三节　加强职工体育协会工作

武钢职工体育协会成立于1956年。近几年来，在武钢工会的领导下，武钢职工体育协会根据形势发展和职工日益增长的文化体育生活需要，围绕服务生产经营中心工作，把抓好职工体育工作当作建设企业文化、构建和谐企业的重要内容之一，用创造性的思维努力践行“和谐健康快乐每一天”的工会工作理念，将体育活动融入到职工生活之中，积极开展全民健身运动，锻炼职工身体，陶冶职工情操，提高职工素质，将职工体育工作的重要性、必要性和实效性提升到新的高度。

一、坚持开展职工传统体育活动

（一）体育活动主题丰富、形式多样

武钢职工体育协会在不同时期确定不同的活动主题，开展内容丰富、形式多样的体育活动，每年举办公司级较大型体育活动不少于10次，参与活动的职工覆盖率不低于70%。随着社会的发展和职工参与活动积极性的提高，武钢职工体育协会开展群众体育活动突出了“品牌”意识，组织的每项竞赛活动都能在职工中产生较大影响。每年一届的“振兴杯”职工乒乓球比赛，羽毛球、棋类、游泳、拔河比赛等都成为影响深远的传统职工竞赛活动；广播操、健身操、拔河、武术、门球、风筝、体育舞蹈、棋类、桥牌等中小型竞赛活动长年不断，每年吸引万余名职工参加。

（二）硬件设施建设及时跟进

硬件设施建设是开展职工体育活动的必要基础。为了满足职工欣赏高水平体育竞赛和在标准运动场地比赛、活动、健身的需求，武钢领导把健全、完善文体活动设施列入了企业规划，加大投资力度和建设规模，力所能及地为职工群众提供满意的活动场所。近几年先后投入1500多万元资金对现有体育场馆的环境和设施进行了综合改造，使职工健身活动环境焕然一新，其中包括对武钢体育馆屋面维修、地板胶铺设、两座游泳池改造、三个活动中心乒乓馆装修等。2011年10月，武钢决定投资近3亿元，建设占

地300亩的武钢职工体育中心，包括一座综合体育馆、一座游泳馆、一座训练馆，再加上室外运动场地和健身路径，为丰富职工体育活动提供了硬件支持和保障。

二、不断探索职工体育工作新形式

职工体育工作必须紧贴职工群众需求和特点来布局和开展。按照武钢工会“四个每一天”的工作要求，武钢职工体育协会积极从职工群众需求中找工作思路、定活动项目，不断探索了一系列紧贴生产实际、符合职工需求、体现时代特色的体育活动新形式，受到了职工群众的普遍欢迎。

（一）增强比赛的趣味性

在社会发展日新月异的新时期，武钢职工体育协会从培养职工的兴趣入手，为克服体育竞赛相对单一乏味的问题，打破纯粹为竞赛而竞赛的观念，不断扩展活动的项目、形式及内容，形成适合各年龄段职工参与的群众性体育运动竞赛新体系，增加活动的趣味性和观赏性，激发职工参加体育锻炼的兴趣。武钢职工体育协会将体育与企业文化相结合，开展了“上下工序心连心”大众体育趣味比赛、工间广播操、太极拳培训班等一系列趣味性强、简便易行的全民体育健身活动。

（二）注重比赛的沟通作用

以“上下工序心连心”大众体育趣味比赛为例。武钢生产工艺复杂，一个产品往往需要多个单位及部门分工完成，各厂矿之间因为一些质量问题难免引起一些分歧与误会，及时沟通、互相理解、互相支持才能确保产品的质量。

由此，武钢职工体育协会想到根据武钢的生产工艺流程，选定一个中间厂，组织其上下工序单位职工一起开展大众体育活动。其目的就是为了加强上下工序职工间的交流、沟通、理解，为上下工序建立融洽关系搭建平台，为促进上下工序生产的顺利进行创造条件。为了达到预期的活动效果，武钢职工体育协会以“项目易学有趣、器材简易方便”为原则，将简单而又有趣味的袋鼠跳、摸石头过河、二龙戏珠，传统而普及的集体跳绳、跳绳接力、踢毽子、投篮比赛，新颖而又刺激的有轨电车、时代列车、三人篮球等人人都可参加的项目引入到活动中来。

（三）增强组织安排的合理性

在比赛的组织安排上，采取一次由 6 家单位参与，每家单位 60 名职工参赛，以及 200 人的拉拉队，全场大约达到 1600 余人的规模安排。对单个项目将各厂职工混合编组、不分单位临时配对参加活动，改变过去各为其主争名次的局面，而是为现在的比赛小组争荣誉，体现出上下工序心连心、手挽手的宗旨。同时，设立 1 ~ 2 个集体项目以增加整个活动的观赏性，并兼顾激发本单位职工的集体主义精神。活动中安排一位充满活力的青年职工担任主持人，在他的调动下，各拉拉队喊出自己的加油口号或企业精神表述语。

“上下工序心连心”活动自 2009 年开展以来，得到了各厂领导的大力支持、深受广大职工喜爱，其融入生产经营、服务生产、促进生产顺行的理念也得到了公司领导的肯定。2012 年，该活动还被写入武钢党委工作报告，要求持续开展、深入推广。现在，武钢许多基层单位结合实际组织开展了车间级“上下工序心连心”的大众体育活动。

（四）积极开发多种体育活动

“上下工序心连心”大众体育活动开展得如火如荼，其他活动亦相得益彰。为了吸引更多的职工参与到体育活动中来，2010年开始，武钢职工体育协会对乒乓球、羽毛球等球类比赛采取甲、乙级队升降级的形式进行，让更多的职工有信心争取好成绩，提高职工的参与热情。竞赛活动还为新型员工即劳务派遣工提供参与平台，扩大活动参与面，让他们感受到武钢大家庭的温暖，体现更多的人文关怀。

游泳比赛由传统的竞技型向竞技型、趣味型并重转变，减少竞技项目，增加趣味性项目，如“豚戏”、“水中上垫”、“方舟摆渡”、“激流勇进”等，激发职工参与热情，力求做到每项竞赛活动既要有丰富而生动的文化内涵，又具有引人入胜的趣味性和吸引力，以丰富多彩的活动满足职工群众日益增长的健身需求。

三、依托协会激发职工参与体育活动的热情

（一）建立职工体育体育协会管理网络

在武钢努力构建和谐企业的新形势下，职工体育工作呈现出两个显著特点：一是随着生活水平的提高，职工对自己的身体健康状态更加关注。二是随着社会的发展，各类新的娱乐活动层出不穷，许多年轻人对体育活动的兴趣度不高，能长年坚持、自觉积极参与体育锻炼的多是中老年职工。鉴于此，武钢职工体育协会认识到群众性体育活动的普及需要建立一套行之有效的运行网络，并培养出一批高素质的体育骨干。

2005年以来，武钢职工体育协会根据企业实际和职工需求，以建设体育协会组织为重点，逐步建立了公司和厂矿两级职工体育协会管理网络，从横向、纵向两个方面分层、分级、分项负责群体活动的普及、推广和辅导。在横向上，武钢成立了乒乓球、羽毛球、足球、篮球、门球、棋类、桥牌、体育舞蹈、武术、风筝等10个公司级的单项职工体育协会；在纵向上，各二级单位根据自身的条件和职工的兴趣、爱好也分别成立了200多个相应的协会组织、辅导站或兴趣小组，两级协会组织都由热心体育事业的厂级领导担任会长，并配备了专（兼）职体育干部或体育骨干担任协会秘书长，具体负责协会活动的组织开展。武钢各单项体育协会在组织上定期对厂级协会进行指导和检查。近年来，尽管武钢经历了多次机构改革、调整和人员精减，但协会组织始终不散，出现人员缺位立即补上，保证了工作组织机构的完整。

把“和谐健康快乐每一天”工作落到实处，让全民健身活动融入到职工日常生活，职工体育活动的业余化、兴趣化、全员化、小型化、多样化是单项体育协会的工作重点和方向。

（二）因地制宜，创新职工健身新形式

随着时代的进步，职工生活、学习和工作节奏日益加快，武钢职工的工作环境也发生了巨大变化。“过去甩大锹，现在点鼠标”，在操作室工作的职工越来越多。针对新情况，武钢职工体育协会从职工健身、健康着想，在全公司推广普及第八套大众广播体操、太极拳等运动项目，吸引职工广泛参与到这些活动中来。第一期普及广播体操工作在集团公司直属机关开展。根据机关工作性质的特殊性，由机关各部门派出80余人参加广播体操学习班，他们学成回单位后，通过视频录像等方式组织本单位职工学习，从而带动机关全员学习广播体操的热潮。

太极拳的培训是专门针对越来越多坐着干活的职工而设的。由于太极拳运动不激烈，尤其适合50岁以上的中老年职工。2012年，武钢职工体育协会举办了主要由一线职工参加的太极拳培训班。通过培训，让他们基本掌握杨氏二十四式简易太极拳的动作要领，并将他们作为骨干派回单位推广太极拳运动。

拔河运动也是一项易学、易推广的群众体育运动。为了进一步推广拔河活动，武钢职工体育协会多次选派人员参加全国拔河裁判员、教练员培训班。这些骨干回单位后，开展了大量的培训、辅导工作。现在各二级单位，均有较专业的拔河骨干负责活动的开展，职工拔河水平得到较大提升。如今，武钢拔河活动完全按照国家体育总局制定的规则开展，实现了标准化、规范化。

职工早、晚锻炼是全民健身运动的主要内容之一。武钢职工体育协会以武术协会为依托，选择了23个能常年坚持、有人负责组织、参与人数较多的职工晨练点进行授旗并配发录音机等设备，通过这些晨练点向职工群众传授健身技能，吸引更多的职工加入到体育锻炼的队伍中来。现在，长年在各晨练点、辅导站坚持早、晚锻炼的职工达万余人。每年8月8日是国家的“全民健身日”，来自钢城数十个晨练点的千余名体育积极分子都要汇聚在武钢体育馆表演太极拳、太极剑、木兰拳、木兰扇、健身球、柔力球、健身气功、排舞等精彩的健身项目，展示武钢职工全民健身运动的丰硕成果。

（三）加大各种支持办度

武钢体育场馆也敞开大门向职工开放，每月提供一周时间为各协会免费服务，并提供场地、器材、裁判等支持。现在，体育舞蹈协会每周两次外请专业老师进行教学和辅导；羽毛球协会每周组织一次集体活动，并每年举办一次“武钢相关产业系统”职工羽毛球邀请赛；棋类协会每月组织一次对抗赛；桥牌协会每周组织两次活动；风筝协会每季度组织一次交流、放飞活动已形成特色，吸引了大批爱好者参加。

丰富多彩的体育协会活动让武钢全民健身运动充满活力，公司级的10个单项体育协会每年举办讲座、辅导班30余场（次），培训教练员、裁判员及体育骨干5000余人次，组织各类活动、比赛百余场，参与职工万余人次。各二级厂矿的协会组织、辅导站、兴趣小组也充分利用工余时间和休息日开展职工喜闻乐见的，多层次、全方位的活动，如第八套广播体操比赛、“五人制”室内足球赛、“双升”扑克牌比赛、拔河比赛、太极拳比赛、晨练活动展示、球类、棋牌、游泳、趣味运动会，等等。协会做到了周周有活动，月月有比赛，每位职工一年至少参加2次以上本单位组织的体育活动。广大职工的个性和特长在体育活动中得以充分体现和发挥，生气勃勃的体育活动增强了职工体质，提高了职工素质，为武钢和谐发展增添了内在活力。

近5年来，武钢职工体育协会组队参加全国、省、市及行业体育协会各类综合性运动会和单项体育比赛获得金牌100余枚、银牌和铜牌200余枚。武钢先后被国家体育总局、全国总工会授予“全国职工体育示范单位”荣誉称号。职工体育工作硕果累累，实实在在地将“和谐健康快乐每一天”的要求落到了实处，在打造“幸福武钢”的进程中发挥了重要作用。

第四节　加强职工文化艺术协会工作

武钢职工文化艺术协会成立于20世纪60年代，下属有美术、书法、摄影等协会。近几年来，武钢职工文化艺术事业得到蓬勃开展，为丰富职工文化生活，培养文艺人才，展示企业风采，促进企业和谐发展做出了积极贡献。武钢美术、书法、摄影协会会员有500余人，其中全国会员20余人，省级会员50余人。

一、传承和坚守职工文化艺术协会优良传统

武钢各文化艺术协会自成立以来，在几十年的发展中形成了许多的优良传统。近几年来，每年各协会均按年初制定的年度计划，有序地开展各项活动。

（一）美术协会组织开展职工艺术培训活动

近几年来，美术协会分别举办了素描基础培训班、工业版画创作提高班、漫画培训班、肖像画培训班，总计培养作者数百人次，丰富了职工的业余文化生活，培养了一批艺术新人。为了提高骨干作者的创作水平及艺术修养，协会先后邀请了湖北省著名画家周韶华、查士铭、欧阳德彪、毛宗泽等来武钢指导创作、举办艺术讲座，同时，协会还派骨干作者参加省文联举办的培训班。

为创作出优秀作品，美术协会每年都组织采风活动，

其目的是启迪心智、陶冶情操、激发作者的创作灵感。采风分别采取外出采风和下厂采风两种形式。外出采风能使作者感受到大自然的壮丽河山、风土人情，丰富阅历、激发灵感。近几年，协会组织作者到大别山革命老区、四川甘孜藏区、鄂西北等地，带回一批批脍炙人口的作品。协会作者都是武钢职工，他们工作、生活在十里钢城。艺术源于生活，而高于生活。为反映武钢的中央企业风采，他们到过许多基层厂矿，体验感受现代化钢铁企业的雄伟博大。创作出反映武钢人的作品一直是协会不变的主题，在现代化与时代发展进程中，鳞次栉比的厂房高耸入云、飞溅的钢花、忠诚奉献的武钢人，无一不是艺术家撷取创作灵感的源泉。

（二）书法协会每月都要举办一期书法笔会活动

书法协会的笔会活动会邀请省、市书法界知名人士学习交流。为开阔眼界，汲取传统文化，书法协会每年都组织骨干作者赴外地参观学习交流，西安碑林、婺源等地都留下他们的足迹。书法协会每年举办两次职工书法培训班，覆盖武钢各级厂矿职工。书法协会还配合公司的安全教育活动，每年组织举办一次百人书法大赛，寓教于乐，在活动中使职工受到安全教育，陶冶了情操。春节是中国人最隆重的节日，书法协会每年春节前都会组织职工书法家组成文化服务小分队赴一线为职工写楹联、送福字，将美好的祝福带给职工。

（三）摄影协会每年组织举办“身边武钢人”摄影大赛

“身边武钢人”摄影大赛是职工参与人数最多，参与面最广的摄影活动，极大地丰富了职工的业余生活。武钢摄影协会还积极开展交流和培训活动，如新疆采风作品观摩交流，防城港采风作品观摩研讨会，佳能大篷车活动，并邀请全国著名摄影家来武钢传经送宝。

（四）剪纸学会汇集了众多剪纸爱好者

他们用手中的小小剪刀表现对火热生活的热爱，对幸福生活的美好憧憬。剪纸这一中华民族古老的民间艺术，在武钢职工的手中绽放出奇葩，成为武钢民间艺术的一张靓丽名片。

二、探索和创新职工文化艺术协会活动形式

随着时代的变迁和武钢改革的步伐加快，武钢文化艺术协会工作也面临着新的问题和挑战。一是人才青黄不接。二是职工岗位工作压力大，工作时间紧张，导致从事文化创作的难度加大。面对这种局面，武钢各文化艺术协会因地制宜探索新的活动形式。

美术、书法、摄影协会和剪纸学会，分别在武钢工人文化宫设立了常驻机构和固定的工作室，协会秘书长、驻会理事负责处理日常事务，制订全年的活动方案和计划。按照协会工作要求，合理安排好采风、培训，开展笔会和参展活动。协会工作室全天开放，随时接待前来参加活动的职工。

与此同时，武钢文化艺术协会在部分基层厂矿成立分会，使协会活动更加贴近职工。例如，武钢运输部美术分会成立以来，有针对性地开展了系列活动，收到很好的效果。协会的培训和训练也安排在双休日和节假日进行，避免和工作时间冲突。

协会还在不断尝试新的活动方式，如开展主题性沙龙

活动、小型作品评价交流活动、不定期地举办作者草图观摩评议活动等，充实了协会活动内容，发挥了协会应有的核心作用。

三、职工文化艺术协会活动结出丰硕成果

自协会成立以来，武钢职工文化艺术协会的艺术家们以辛勤的汗水创作出了大量感人至深的艺术作品，在全国冶金职工艺术展中，获奖作品达上百件，为武钢的文化建设增光添彩。

全国工业版画展中，武钢作者频频获奖，在同行中享有盛誉。在全国产行业文联书法美术展中，为湖北省产行业文联赢得殊荣。在湖北省第八届文联举办的文艺楚天奖展览评选中获得两个一等奖。在 2009 年武汉市黄鹤群星奖评选中获得两个大奖。协会作者参加了自 2005 年来历届武汉市美术联展，入选作品在武汉市首屈一指。

剪纸学会在全国第八届中国艺术节——“国风归来”中国剪纸艺术大赛活动中，获得 1 个金奖、1 个银奖。2011 年成功举办了纪念辛亥革命 100 周年第三届“国风归来”——“首义魂”全国剪纸艺术展，各形各色的武钢职工剪纸作品给观众留下了难忘的印象。

摄影协会在全国“魅力钢铁”摄影大赛中获优秀组织奖，在湖北省国资委庆祝建党九十周年摄影大赛中获优秀组织奖及个人金奖 1 名，在“国企新风貌”全国摄影大赛中，武钢获优秀组织奖。

武钢书法协会在各项展览中也获得多项奖项：付家湖作品入选《中国硬笔书法大全》；周诗福作品入选《全国首届刻字艺术作品展》；喻培云作品获“楚天群星奖”金奖、

"全国冶金行业书法展"金奖，并被聘为武汉书法院书法家；汤普桥作品获"全国冶金书法展"银奖；蔡晓文作品获"湖北文艺楚天奖"银奖、"全国冶金公安保卫系统书法赛"金奖；徐悦民作品获"湖北省楚天群星奖"银奖。

2008 年 5 月，中国剪纸代表团接受德国、法国、意大利等国邀请，参加德国剪纸博物馆开幕式和艺术交流活动，武钢剪纸学会的 15 套作品参展。

2008 年 12 月，武钢职工艺术作品赴加拿大举办展览，受到当地媒体好评，提高了武钢在海外的美誉度、知名度，展示了中国工人的风采。

第五节 做强武钢文工团

武钢文工团是在武钢深厚的文化艺术土壤中茁壮成长和发展起来的。近几年来，在武钢工会的领导下，武钢文工团按照"勤奋、激情、创品牌"的奋斗目标积极创作和演出，在深情地为武钢服务的同时，还走向了全国最高舞台，走向了国际舞台，成为武钢的一张靓丽文化名片。

一、创新艺术创作工作思路

武钢文工团在广大职工中的强大影响力在于艺术创作上的与时俱进，始终与时代同节拍，与企业同呼吸，与职工心连心。例如，他们在劳模报告会的形式上大胆创新，精心安排每位劳模的上场及下场环节、舞台的支点、结构调度，有针对性地编排特殊背景等，运用音乐的魅力和灯光的特点增强舞台效果，使观众对劳模个体的人物形象加深了印象。武钢文工团还把不同类型的报告会，分别进行不同的组合包装，把原来较为呆板的报告会变得生动活泼，起到了让观众坐得住、听得进的效果。

这种创新的思路，引发了武钢文工团对各类表彰颁奖会的形式进行再创新。为让获奖的人物和事迹更生动，形象更强烈，教育意义更显著，武钢文工团创作团队进行了深入探索，特别是对承接的2005年国务院国资委召开的中央企业劳模表彰大会进行了创新。其间，武钢文工团跑现场、到宝钢、去大庆，采访了神舟5号的总设计师戚发轫等全国劳模。通过与劳模们交流，他们受到强烈震撼。在制定国务院国资委劳模表彰的晚会方案上，用不同的舞台支点，将劳模们的讲述和突出事例进行精心安排；运用了创意性的舞美制作、大屏幕的技术，强烈的音乐效果，精心编排背景画面，让这些劳模自己演自己。神舟5号的总设计师戚发轫的演讲，配合音乐、画面，感人泪下；宝钢发明家孔利明、武钢炼钢专家陈晓、长春一汽工程师李俊等劳模，随着专业朗诵者一起，说出自己的心里话；主持人和大庆1205钻井队的第十八任队长李新民的对话，以及身后的年轻工人组成的画面，强烈地感染了每位观众。这场在北京政协礼堂举行的颁奖晚会取得了圆满成功。

2006年，国资委中央企业巾帼建功标兵和巾帼文明岗表彰大会、中央企业侨联联谊会文艺演出，以及中央企业“爱企业、献良策、作贡献”主题活动推进会暨2007年统战工作会议，均在人民大会堂举办，并全部由武钢文工团承办策划及演出，都取得圆满成功。

一年一度的武钢职工“五一之歌”演唱会，面临着一次比一次更大的挑战。2005 年“五一之歌”演唱会，武钢文工团尝试在方阵上用大面积的翻板画面来表现，由于有个转弯弧形段，尺寸的不一样带来了制作上的困难，创作团队发挥集体智慧的力量攻克了难关。他们还在动作设计上反复实验，选择画面，精心排练，演出时取得了全新的效果。2012 年“五一之歌”演唱会，武钢文工团为增强视觉效果，引入了现代科技手段，更好地表现了职工方阵演唱的水平，取得了较理想的效果。

二、追求精益求精的工作境界

树立爱岗敬业、无私奉献精神是历练心智、激发创作灵感的有效途径。2007 年 12 月，武钢文工团前往成都参加由国家文化部举办的全国第七届舞蹈比赛，35 名演员分成若干个组，每天往返于驻地和排练场地辛勤排练，在比赛中取得优异成绩。还没来得及领奖，他们又登上了从成都去北京的列车，行程 32 个小时，下火车后直奔演出现场——人民大会堂，参加由中华全国总工会、中央文明办、中国文联、中央电视台主办的第二届中国职工艺术节闭幕式的文艺演出。从北京一回到武汉，他们就投入排练，两天后又转战广东鹤山市的元旦晚会。这样的南征北战，这样的超负荷运转，已是家常便饭。仅 2008 年 4 月份，文工团对外演出 5 场，自己创作、策划的专场就有两场，没有强烈的爱岗敬业精神是做不到的。

武钢文工团不断加强内部管理，从基训、排练以及外出演出的整体形象，上下班的出勤记录，甚至乘坐交通车的礼貌习惯，都对全体演职员进行严格要求。素质的提高在于不断地学习，创新的起点也是在于学习，环境的适应依赖学习，应变的能力来自学习，一个优秀的团队就是一个终身学习的组织。武钢文工团舞蹈队也是朝着这个目标进发的。武钢文工团多次被评为武钢先进班组，2012 年又被推荐为武汉市“三八”先进班组。

三、扩大武钢名片效应

在武钢工会各级领导的关爱下，武钢文工团摸索出一套成功的企业文艺团体管理模式。武钢文工团的整体舞蹈专业水平在全国享有较高的声誉，多次在全国比赛中获奖，经常被中央电视台及各省市台邀请参加大型晚会的演出和录像。

2005 年，武钢文工团参加全国第六届舞蹈比赛，有 7 个作品入围决赛，3 个作品获创作和表演奖。同年 12 月，武钢文工团作为湖北省文化艺术团出访美国俄亥俄州，12 场专场演出不仅获得同行和美国官员及观众的高度评价，而且促成了武钢与美国俄亥俄州大学的 NBA 教学交流。武钢文工团出访泰国促成了武钢与东南亚钢铁产业巨头的会谈。2006 年，武钢文工团与湖北省荆州市合作创作编排的舞剧《呀吙咿啊》获湖北省“金凤杯”优秀作品奖。2007 年武钢文工团再度出访加拿大，被国际艺术节艺术总监称赞为德鲁蒙威尔艺术节历史上最优秀的团队表演。声乐演员陈春茸的《峡江情歌》获中宣部“五个一工程歌曲奖”。2009 年，在中央电视台舞蹈大赛中，作品《春风春雨春姑娘》获创作表演银奖。武钢文工团与陕西榆林歌舞团合作，联袂演出秧歌剧《米脂婆姨馁德汉》首次登上国家大剧院，受到业内外人士好评。2009 年，武钢“五一之歌”职工演唱会获湖北省第七届屈原文艺奖文艺活动品牌奖。2011 年，武钢文工团代表湖北省政府赴澳大利亚和新西兰，参加了“欢乐春节——荆楚文化走澳新暨2011年悉尼春节巡游和新西兰元宵灯节活动”。

2012年，由国务院国侨办组织的“文化中国·四海同春”艺术团赴北美开展慰问华人华侨演出，武钢文工团舞蹈队担当了所有舞蹈演出的重任，共演出了7场，每场演出5个舞蹈作品和两个伴舞的节目，每场表演都受到了当地观众和华人华侨的热烈欢迎。他们称赞武钢文工团节目非常精彩、演员功底扎实、作品文化内涵丰富。国务院国侨办高度评价武钢文工团舞蹈队是一个团结和谐，能吃苦、守纪律、高水平的演出团队。武钢文工团赴北美成功演出的同时，扩大了武钢在该地区的知名度和影响力，树立了武钢良好的企业形象。

第六节 繁荣职工文学创作

武钢职工文学活动在全国颇有影响力，创刊长达50年的《武钢文艺》被誉为作家的摇篮，多次被评选为省、市优秀文学期刊、全国冶金系统最佳期刊。文学人才层出不穷，《文艺报》《文学报》、新浪网等媒体多次报道武钢文学创作盛况，誉为“文学武钢”现象。

一、职工文学创作充满生机与活力

武钢历来十分重视文化建设。武钢企业文化积淀相当丰厚，这与武钢文学创作活动非常活跃，文化环境十分宽松，形成了浓郁的文化氛围是分不开的。全公司上下达成共识，鼓励和爱护文艺人才。各级工会把职工文艺活动当作一件大事来抓，武钢金属资源公司、程潮铁矿等单位还自办文学刊物。尽管武钢内部机构不断改革，但文艺部门的编制、经费、人员等均保持相对稳定，经费逐年增加。这种良好的文化生态，培育出了武钢的文学常青树。

天高任鸟飞，海阔凭鱼跃。目前，武钢经常发表作品的作者有1000多人，全国、省、市作家协会会员有100多人。2008年，在纪念武钢投产50周年之际，武钢特地出版了《太阳恋》文集，收录了武钢四代作家的简介与代表作，年纪最大者80岁，最小者30岁，其中包括池莉、李建纲等全国著名作家；还出版了全国第一本企业文学史《武钢文学史话》，被各大图书馆收藏。近年来，他们与时俱进，不断创新，创办了《武钢文艺》电子版、武钢网络文学论坛、武钢QQ作者群，创作阵容和读者群都不断壮大。

二、职工文学创作融入生产经营

企业文化活动的一大特色，就是作品内容必须融入生产经营，贴近一线，贴近职工，这样才能更好地得到企业上下的支持。近几年来，《武钢文艺》编辑部经常组织作者采编企业热点和先进人物，以致《武钢文艺》成了“劳模档案”，凡是有影响的武钢劳模，都可以从这本刊物中找到其生动丰满的报告文学。编辑部围绕武钢第三次创业，出版了十分厚重的劳模报告文学集《钢铁英雄》。这本文集影响很大，成为全国许多企业编书的样板。另外，《钢铁的沧桑与梦想》一书，填补了国内尚无钢铁史话的空白。

近几年来，《武钢文艺》编辑部结合武钢生产经营形势，开展了“唱响武钢诗歌大赛”等文学活动。特别值得一提的是，当金融风暴冲击钢铁市场时，他们举办了“武钢作家市场前沿行”活动，武钢领导特地授旗，工人作家们奔赴全国各销售点采写先进人物，作品在《武钢工人报》连续刊载，使营销人员和广大职工深受鼓舞。

三、职工文学创作人才推陈出新

现代化的企业需要现代化的职工。“和谐健康快乐每一天”的一大目标，就是要提高职工的文化素质，而兴趣是最好的老师，起着驱动引导的作用。

文学是艺术之母，是文化修养的基础。职工对文学的爱好，显然有利于企业写作人才的培养。这种写作，不仅是指小说、诗歌、散文等文体创作，也指公文等实用写作。因此，许多工人作者成为厂矿工会、宣传部的骨干，有的还走上了领导岗位。

为培养作者队伍，《武钢文艺》编辑部与武汉大学等院校合作，举办了长达 7 年的文学培训班，培训文学青年 1400 多人。《武钢文艺》编辑部每年都要举办笔会，加强对重点作者、作品的扶植。近几年来，有两名青年作者被选送到鲁迅文学院学习，3 名作者成为湖北省、武汉市作协签约作家。

武钢成立了小说、诗歌、散文、报告文学、退休老作家等多个文学学会，文学活动十分丰富，有年会、研讨会、文学沙龙、下厂矿辅导等，进一步增强了《武钢文艺》编辑部和文学协会的凝聚力，调动了广大作者的积极性，有力地促进了文学创作活动的开展。武钢每年都有 10 多部文学作品集出版，100 多篇作品在省市级以上报刊上发表，先后获得湖北文艺明星奖、冰心文学奖、湖北文学奖、武汉文艺基金奖等奖项。在历届全国冶金文学奖、楚天文艺奖评选中，武钢均名列首位。有的作品还被改编成影视作品，例如，兴达公司工人陈智胜的长篇小说被改编成电影《青春爱人事件》，武钢总医院药剂师李榕的小说被改编成电视连续剧《再婚进行曲》，在全国引起较大反响。

第七节　建设职工文化阵地

武钢工会所属职工文化阵地较多，主要有钢都活动中心、钢花活动中心、白玉山活动中心、图书馆、工人剧院、工人文化宫、体育馆、体质测试中心共八个阵地。近几年来，武钢工会本着服务职工、服务武钢、服务社会的理念，充分发挥文化阵地的辐射功能，因地制宜，勇于创新，丰富了职工业余文化生活，促进了社企和谐。

一、创新职工文化阵地活动形式

各文化阵地以凝聚职工，促进企业文化建设，丰富职工业余文化生活为目标，严格规范管理，不断创新活动形式，增强吸引力，更好地为企业和职工服务，将“和谐健康快乐每一天”工作落到实处。

（一）创建“看大片、中大奖”活动项目

工人剧院创建了品牌活动项目“看大片、中大奖”，每年引进十多部中外优秀影片。2008 年，剧院又创新活动形式，结合武钢形势任务宣传工作，自编武钢生产经营形势

任务宣传片，在每次电影放映前播放，开展有奖问答，吸引众多职工积极参与，让他们了解企业生产经营目标、任务和举措。剧院从最开始的每部电影放映3场，逐年增加至现在的每部电影放映6场，吸引了基层单位参加此项活动，每年接待观众近5万人次。2012年，工人剧院开展3D影片的“看大片中大奖”活动，让职工及家属在自己的影剧院里也能欣赏到3D电影。

（二）开设“预约借书”服务项目

近几年来，武钢职工图书馆为满足读者的特定需要，开设了“预约借书”服务项目，对于暂时借不到的书刊预约登记，待该书到馆后按预约顺序通知读者借阅；如果预约的是未上架的新书，将在一周内分编上架，一周后便可通知读者取书。此项服务深受读者欢迎，不仅为读者节约了时间，还提高了效率。

（三）举办“班组讲坛”活动

从2009年开始，为提高班组长综合素质，促进班组长全面发展，武钢工会在阅览中心举办“班组讲坛”活动。武钢工会根据企业需要确定活动主题，内容包括政治、经济、文化、生活、行为养成等，例如，《“十二五”的美好生活》《百年辛亥——百年武汉》《塑阳光心态，建和谐家庭》等，来自基层单位的近1300余名班组长参加。生动的内容，互动的形式，趣味的答题，抽奖的快乐，让基层职工在轻松环境中，拓宽了眼界，学习了知识，提高了素养。

（四）开辟三个创作园地

2009年，武钢工人文化宫开辟了三个创作园地，即美术、书法、剪纸园地，为作者们提供了固定的创作场所，搭建了创作交流的平台，增强了协会活力；相继成立了职工美术、书法、摄影、音乐、舞蹈、集邮、民间艺术、戏剧曲艺、盆景根艺、台球等十几个群众文化艺术团体；每年组织开展各种文化艺术培训班，各协会（学会）、团队每年在全国、省、市获奖10多项。

（五）为二级单位提供场地及技术支持

武钢体育馆贯彻“活动在基层，体育进万家”的工作思路，每年除了承办10多个单项体育协会进行的各项活动外，还为各二级单位提供场地及技术支持，合理安排场地。体育馆几乎全年开放，接待运动员近七万人次，尽一切可能为各单位职工及体育爱好者提供方便。2011年开始，武钢体育馆开展了“免费协会周”活动，每月免费一周时间，根据不同层次、不同年龄段职工的健身需求，注重发掘职工的兴趣、爱好及特长，通过协会组织，将职工吸引到体育场馆中来，系统地开展健身和比赛活动。

（六）建立体质测试中心

2007年，武钢工会建立了职工体质测试中心，免费为职工测试体质，全面了解职工的体质现状，掌握职工体质生理规律，为职工提供强身健体的健康指南，引导职工形成健康的生活方式。职工体质测试中心每年接待职工近6000人次。

二、履行职工文化阵地社会责任

文化阵地热情为社区居民服务，探索辐射社区的新途径。每逢重大节假日期间和夏季，武钢工会拨出经费开展球类、棋类、体育舞蹈比赛，惠及了广大职工群众，较好地履行了社会责任。例如，“迎春节”、“庆十一”、“重阳节”等社区乒乓球邀请赛，“武钢之夏”消暑纳凉活动，较好地履行了服务企业和服务社会的双重责任，促进了社企共建和社区和谐。

近几年来，钢都活动中心本着“以你所需，换我所求”的理念，开展了“换客超市”活动。钢都活动中心在社区内设置摊点，居民们把家中闲置的物品拿出来相互交换所需物品，受到社区群众的热捧。“换客们”在活动中得到的不仅仅是以物易物的乐趣，最重要的是倡导了环保生活理念，体验了人与人之间的交融互信。

2012 年 11 月，武钢职工图书馆重新开馆。改造后的新馆从布局、环境、功能上有了较大改善，新增了多媒体计算机网络阅读电子读物的专用阅览室，可以在线阅览电子图书、观看电子出版物，实现了传统图书馆向数字化图书馆的转变。

钢花活动中心利用教室、舞厅、排练厅、钢琴房、乒乓球室、棋牌室和露天广场等场地，开展各具特色的文化活动。他们还与社区联办培训学校，培训内容涉及文明礼仪、道德品质、科学文化知识、音乐、舞蹈、书画等方面，每年培训 5000 人次。该活动中心还是湖北省音乐协会的钢琴考级点。

武钢工会所属的武汉市青山区 116 街和白玉山街的两座游泳池，在每年夏季开放，不但开展各种水上体育活动，满足基层单位组织的职工游泳活动，同时为社区居民服务，每年接待 4 万余人次。低廉的票价、优良的水质、安全的管理，使两座游泳池成为武钢职工及社区居民夏季休闲纳凉的好去处。白玉山游泳池还被评为武汉市青山区唯一的武汉市先进游泳池。

2008 年，武钢工会设法筹集经费，因地制宜开展了“体育设施进社区”活动，在武钢职工生活区的 39 个社区投资 20 余万元，安装 50 多处计 212 件体育健身器材，满足了广大职工及社区爱好者参加体育活动的需求，为建设和谐社区发挥了重要作用。

第五章　工会工作创新每一天，“创先争优”永不停歇

GONG HUI GONG ZUO CHUANG XIN MEI YI TIAN CHUANG XIAN ZHENG YOU YONG BU TING XIE

当今的时代是创新的时代，没有创新就缺乏竞争力，就缺乏持续的生命力。武钢工会坚持解放思想、创新求实，在工作中不断增强创新意识，打破旧模式、老框框，实现了工会工作的新突破和新发展。

武钢把《企业工会工作条例》（下文简称《条例》）落到实处，加强新时期工会建设。武钢明确要求和规定：内部进行体制改革、机构重组时，绝不允许撤销工会组织或把工会组织与其他部门合并；工会的机构设置、人员配备都严格按照《条例》的有关规定办理；武钢内部新的单位组建时，必须及时建立工会组织，把职工群众组织到工会中来。

武钢党委还十分重视工会领导班子建设，多年来一直坚持由党委常委担任工会主席职务，各厂矿、车间工会主席都按党政同级副职配备；党委还把工会干部作为培养党政干部的一条主要渠道，几年来，提拔了一大批工会干部担任厂矿党政正职；武钢行政主动为工会组织依法履行职责、有效开展工作创造条件，认真听取工会反映的问题，研究职工代表提出的意见或建议；在召开有关改革与发展和涉及职工切身利益的会议、制定相关政策和制度时，都

吸收工会代表参加。

创新工会决策机制、评价机制和工会干部培养机制。工会大兴调查研究之风，在工会系统营造学习新知识、研究新问题、提高新办法、探索新思路、创造新经验的良好氛围，将工会领导干部的绝大部分工作时间放到职工群众中去，做到工作思路来自第一线，工作布置内容来自第一线，工作经验来自第一线，工作创新来自第一线。工会按照“开门建家、开门办会”的思路，将工会组织的创新能力、创新成果、工作成效、服务质量以及职工会员、党政对工会的满意度、基层工会对上级工会的满意度等作为主要评价指标，评判工会工作的效果，体现了工会工作的民主性和群众性。

第一节　创新型工会建设

创新是走中国特色社会主义工会发展道路的内在动力。在工会自身建设和改革中，企业工会要不断实践探索，坚持在生存中发展，在创新中前进，形成和完善适应新形势新任务要求的工会工作思想观念、组织体系、评价体系、运行机制以及方式方法，增强工会工作的科学性、系统性和预见性，使工会工作更具时代性、把握规律性、富于创造性，使工会组织更好地发挥党联系职工群众的桥梁和纽带作用。

近几年来，武钢工会坚定不移地走有中国特色的工会发展道路，努力适应新形势下工会工作面临的新情况、新要求，本着只有创新才有出路的指导思想，努力服务大局，服务职工，展示工会工作新作为。实践过程中，武钢工会特别注重探索工会工作创新之路，从企业和职工的需求中定思路，从企业的生产经营和改革发展中定重点，从厂矿和基层的实践中找方法，从党政和职工的评价中找差距，不断创新工会思想建设、工会工作能力建设、工会干部队伍建设，不断完善工会工作评价体系、工会工作运行机制，切实做到“工会工作创新每一天”，为全面推进武钢第三次创业打牢了坚实的群众基础。

一、思想观念建设

（一）强化融入中心、服务大局的观念

武钢第三次创业，是全面提升核心竞争力，建设世界一流钢铁企业集团的壮举。实现这一任务，工会组织必须带领广大职工为推动企业的改革发展贡献力量，使职工主力军的地位和作用得到充分体现，使工会组织的地位和作用得到充分体现。为此，武钢工会自觉把工会工作放到大局中思考和部署，把坚持党的领导与工会依法、独立自主、创造性地开展工作结合起来，把服从服务大局与全面履行工会基本职责联系起来，把党的要求、行政的需要与职工的意愿统一起来，在推进武钢第三次创业进程中找准位置、体现价值、发挥作用。

（二）强化“两个维护”的观念

维护是工会的基本职责，企业工会必须在维护国家和企业整体利益的同时，更好地代表和维护职工的合法权益，倾听职工的呼声，反映职工的愿望，解决职工的困难，努

力促进劳动关系和谐稳定，特别是通过有效的创新工作，维护好职工的具体经济利益。同时，提高企业经济效益是“两个维护”的最佳结合点，通过引导和组织广大职工诚实劳动、勤奋劳动、创新劳动，保持企业经济效益的不断提高，促进企业科学发展，为工会工作的有效开展和职工合法权益的有效维护提供可靠的基础和保障。

（三）强化抓基层打基础的观念

基层工会直接联系和服务职工群众，是工会工作凝聚力、创造力的基础。抓基层、打基础，增强基层工会活力，是工会组织一项长期的、艰巨的任务。实践中，武钢工会不断强化这一认识：工会工作必须扎根于基层，不断增强基层工会活力，必须把工作重点放到车间、工段、班组，把广大群众吸引和凝聚在自己的周围，充分发挥工会积极分子的作用，才能使工会的各项工作落实到基层，使工会工作的基础更扎实、活力更强、发展更具后劲。

（四）强化持续改进、探索创新的观念

创新的能力来源于知识和经验的积累，创新的关键在于依靠观念的转变和潜能的挖掘。新的历史时期，企业工会工作面临着许多新情况、新问题，工作难度更大，要求更高。工会工作必须抓重点，抓难点，求创新，求突破。只有主动适应市场经济的新要求，主动适应现代企业制度的新要求，不断研究新情况，解决新问题，探索和创造新的途径和方法，立足实际，发挥优势，形成特色，创造“品牌”，打出“拳头产品”，才能使工会工作在大局中有更大的作为，永葆国有企业工会工作的生机与活力。

这些年，武钢工会引导全体工会干部进一步加强学习，转变观念，真正解放思想，提高研究问题和解决问题的能力，重点在改进工作的方式方法上提高创新能力，在提升工会工作的效率上提高创新能力，在取得重点工作的成效上提高创新能力。“四个每一天”工会工作格局就是在这一点一滴的持续改进中发展进步的，着力打造了具有自身特色的品牌。

（五）强化求真务实的观念

求真务实是走中国特色社会主义工会发展道路的内在要求，要求工会工作既要一切从实际出发，遵循事物的发展规律，符合科学发展观，又要少唱高调多做实事，脚踏实地追求内容和形式的完美统一。在第三次创业大潮中，武钢工会始终坚持求真务实的观念，结合工会职能构建“四个每一天”工会工作格局，就是思想解放的结果，就是求真务实的结晶。它生动完整地体现了工会的使命、责任与目标，彰显着企业群众工作的特征。

“四个每一天”不是空洞的口号，而是武钢各级工会和工会工作者神圣的使命、切实的目标、有力的鞭策。求真务实使工会组织的凝聚力、影响力进一步扩大，进入了创新发展的良性轨道。

二、能力建设

建设创新型工会组织，必须加强工会的能力建设，提高工会组织的发展能力，提高工会干部的工作能力。这就要求工会组织及工会干部勇于正视新矛盾，提出新对策，解决新问题，为党政分忧解难，代表和维护职工的根本利益，做实践“三个代表”重要思想和科学发展观的表率，充分发挥桥梁和纽带作用，巩固并扩大党的群众基础。

实践中，武钢工会以创建学习型组织、服务型组织、创新型组织为抓手，推进工会能力建设。

（一）创建学习型组织，推进学习能力建设

武钢工会把学习活动推广到全体工会干部中去，营造“工作学习化、学习工作化”的氛围。终身学习、继续教育已成为工会干部普遍认同的内在价值观。如今，一大批武钢工会主席和工会干部既精通工会业务技能，又拥有较高理论水平，还懂得生产经营知识。

（二）创建服务型组织，推进服务能力建设

武钢工会先后以“职工队伍状况”、“改革中职工思想动态”和“职工工会工作满意度”等为主题开展了多项调研活动，深入了解掌握职工中热点、疑点问题，听取职工的反映和呼声，研究改革中职工队伍变化及工会工作遇到的新情况，形成多篇专题报告向党委汇报，为工会工作提供了较为科学的决策依据。武钢工会规定基层工会主席有二分之一时间、集团公司工会领导有三分之一时间要深入基层，走进一线，调查研究，指导工作，把握职工面临的具体问题，为职工办实事，解难题。

（三）创建创新型组织，推进创新能力建设

创新推行值班厂长（经理）制、职工法律咨询服务热线等10余项新的工作形式，提高了工会履行基本职责的质量与实效。

三、工会干部队伍建设

“工会工作创新每一天”，工会干部队伍素质是关键。“四个每一天”工作格局不断深化发展，必须加强干部队伍建设，不断提升工会干部的创造活力。因此，增强工会组织的创造活力，核心是提高工会干部，特别是工会领导干部的素质和做群众工作的能力，着力解决好有的工会干部存在的不会作为、不愿作为、不敢作为的问题，努力造就政治上靠得住、工作能力强、民主作风好、群众基础扎实的工会干部队伍。这就要求工会组织必须与时俱进地加强自身能力建设，练就优良的思想作风，创新高效的工作模式，打造过硬的干部队伍，不断加强自身的吸引力、凝聚力和战斗力，成为职工真正信赖的“职工之家”，成为党政工作的强大推动力量。

实践中，武钢工会始终把建设一支党政放心、职工满意的工会干部队伍作为“工会工作创新每一天”的重要基础工作来抓。

（一）提高工会干部政治素质

加强对科学理论的学习掌握，增强政治鉴别力、政治敏锐性和贯彻正确路线方针政策的自觉性和坚定性。建立定期思想和工作汇报制度，工会主席每半年向上级工会汇报一次思想情况。建立工会中心组学习制度和每周政治学习制度，中心组每月不少于两次政治理论学习，工会干部每周四下午集中半天进行政治学习，还不定期召开研讨并对武钢重大决策文件进行学习。

（二）加强思想作风教育

通过开展“强化管理”大讨论、“居安思危”大讨论和树立正确的发展观、人才观、群众观等系列活动，引导工会干部形成与时俱进、奋发有为的精神状态。通过形势任务教育，培养强烈的大局意识、忧患意识、责任意识、协作意识，提升工会组织的凝聚力，体现优质务实高效地为党、为企、为民作风。

（三）提高工会干部业务素质

按照全总提出的工会干部要成为“政治家、社会活动家、协调劳动关系专家”的要求，实现了工会干部培训三个100%目标，即采取与中国劳动关系学院、省市工会干部学校联合办班的形式，用3年时间将厂级工会主席、车间专兼职工会主席和基层工会小组长100%轮训一遍，使工会干部研究和解决新情况、新问题的能力和主动维权、依法维权、科学维权的能力有了明显提升。

四、评价体系建设

加强评价体系建设，是工会自身建设不断深化、创新发展的重要内容，是要按照“开门建家、开门办会”的思路，将工会组织的创新能力、创新成果、工作成效、服务质量，以及职工会员、党政对工会的满意度，基层工会对上级工会的满意度等作为主要评价指标，评判工会工作的效果，体现了工会工作的民主性和群众性；大兴调查研究之风，在工会干部中营造学习新知识、研究新问题、提出新办法、探索新思路、创造新经验的良好氛围，做到工作思路来自第一线，工作布置内容来自第一线，工作经验来自第一线，工作创新来自第一线。

近几年来，武钢工会把开展“争创职工之家、争当职工之友”竞赛（简称“双争”竞赛）作为推进建设职工之家工作、加强评价体系建设的重要抓手，始终坚持依靠会员职工建家，按照会员意愿开展“建家”活动，工会基础工作得到进一步夯实，组织活力和会员凝聚力得到进一步增强。武钢工会组织被职工群众誉为“党委靠得住、行政离不开、职工信得过”的群众组织，连续24年保持“全国模范职工之家”荣誉称号。

在“双争”竞赛中，武钢工会组织做到：突出“建家”促进兴企的原则，在提升企业竞争力和经济效益中抓准位置，发挥作用；突出“建家”履行维护基本职责的原则，在协调劳动关系中发挥积极作用；突出“建家”落实“依靠”方针的原则，在加强基层民主政治建设中保障职工的民主权利；突出“建家”增强工会凝聚力、战斗力的原则，在强化工会自身建设中提高整体工作水平；突出会员群众是“建家”主体的原则，在贴近实际，贴近基层，贴近职工中增强工作活力。

在“双争”竞赛中，武钢工会每年还组织有关人员深入到各直属单位进行年度“双争”竞赛调研评比工作。每年“五一”前夕召开“双争”竞赛表彰大会，隆重表彰武钢标杆职工之家、模范职工之家、先进职工之家等单位，表彰一批优秀工会干部、优秀工会积极分子，把“双争”竞赛纳入武钢“三个文明”建设之中，作为评比红旗单位、先进单位的必备条件，作为评价领导班子、领导干部以及党风廉政建设等主要政绩的重要依据，使“双争”竞赛成为完成生产经营目标、促进武钢改革发展的重要推动力。

五、运行机制建设

运行机制决定工作质量和工作效果。加强工会运行机制建设，就是要建设一个运作规范、自转能力强、富有效率的工会工作运行机制，促进工会整体工作在企业全局中平衡发展。

实践中，武钢工会逐步建立和完善了适应改革变化和职工群众工作新特点的工会工作运行机制，实行目标化管理，进行量化考核。例如，“双争”竞赛作为对基层工会工作考评的主要形式，考评结果报送单位党委，并在党委工作目标中占较高的权重，使基层工会工作有压力，有目标。在二级单位、厂矿单位、车间三级工会中形成了良好的竞争氛围。武钢工会积极贯彻《工会法》和工会章程，加强与基层党委沟通协调，推进基层工会委员会按期换届工作，并保持与党组织换届时间的衔接。健全基层工会民主制度，完善民主选举制度和工代会代表常任制，激发了工会内在活力。坚持定期召开工会委员会议，实行季度工会主席例会制度，研究部署阶段性工作。坚持重大活动和重大问题向工代会和工会主席会议报告制度，接受职工民主监督，保障职工对工会的工作和事务的知情权、参与权、建议权。工会组织民主选举坚持差额选举，保持公开透明，还创建定期民主评议工会主席制度，促使工会主席在其位谋其政，积极为职工群众谋合法利益，深受会员职工好评。

第二节　工会机关管理提升

武钢工会紧紧围绕企业改革与发展，加强改进工会机关作风，不断提升工会干部能力建设，着重提升学习思考能力、履职尽责能力、服务基层能力和工作创新能力四个能力，为深化发展“四个每一天”工会工作格局提供思想和动力支撑。

一、创建学习型机关，提升学习思考能力

提升学习思考能力是通过读书学习、经验交流、培训讲座和撰文思考等一系列益智活动，不断拓宽工会干部视野，提高思考能力，提升本职工作水平。提升工会干部学习思考能力是工会机关能力建设的关键。近几年来，工会机关始终把创建学习型组织作为改进机关作风，提升管理人员素质的重要工作。工会干部应切实做到学习工作化，工作学习化，把自觉学习、终身学习贯彻到工会工作的全过程。

（一）制定下发《工会机关党员干部学习计划》

将中心组学习与一般性党员干部学习相结合，列出学习书目25本，10个思考专题，并为中心组成员及党员干部购买《中国共产党历史》（第二卷）、《走近钱学森》《中国改革30年》《公司的力量》《马列主义经典选编》《从怎么看到怎么办》《工作就是责任》《不抱怨的世界》《你的形象价值百万》等数10本好书。通过自学与集中学习相结合的形式，促进了干部职工学习与思考的自觉性。

（二）通过学习交流讲座等载体，促进了工会干部学习和工作成果的交流与分享

如举办工会职能部室部长讲党史专题活动，党员学习论坛进行党员读书学习和工作思考体会交流活动；工会机关干部就《没有任何借口》《走近钱学森》《管理就是责任》及《关键是落实》等谈学习体会并交流；请党校教授作当前经济形势讲座、组织观看电视片《复兴之路》等，极大地促进了机关管理人员对理论学习、形势与任务、工

作经验交流与分享重要性的认识，得到很大的收获。

（三）开展不同层次的知识讲座

针对工会机关分事业单位管理人员、操作人员及机关管理人员的不同，工会机关先后组织管理知识、社交礼仪、消防安全和生产安全知识、普通话、公文写作等培训讲座活动；针对武钢文工团青年演员组织了英语、写作及计算机知识培训；还组织开展了以考级为目标的职工普通话培训，组织每周半天，全程60个课时的培训，职工参与率达80%以上，参与培训的职工70%取得普通话水平测试合格证。

（四）坚持工会机关、部室新年工作研讨会和管理人员新年度工作征文活动

近几年来，武钢工会机关始终把部门负责人新一年工会工作研讨会作为检验机关管理人员学习思考、调查研究成果的重要活动，就一年来工作中的亮点、存在的主要问题及新的工作思路进行综合思考和交流。同时，还在职工中开展新年新思路征文活动，激发了全体职工思考新年度工作，提出新举措的积极性。

二、强化绩效评价考核，提升履职尽责能力

武钢工会机关始终把坚持部室及职工月绩效考核、年度职工考评、主席嘉奖令表彰等作为评价部室及职工工作，激励职工履职尽责勇创佳绩的重要手段，使职工履职尽责能力得到提升。

（一）强化月绩效考核

制定了《工会机关部室绩效考核办法》《工会机关领导

人员责任追究办法》和《工会机关经济责任制考核通用细则》，以职工按岗位不同，分别交纳200元、300元及500元考核保证金的形式，按月考核，扣完补交的办法，就职工在工作质量、劳动纪律、综合管理等方面的表现进行考核。考核做到公正严明，一视同仁，对包括工会第一副主席及部长在内的人员进行了责任追究和考核，并做到每月考核情况向职工进行通报。实行绩效工资考核后，工会机关按武钢统一规定进行扣款考核。近几年来，考核嘉奖各部室4万余元，考核扣款近2万余元。

（二）坚持落实《工会机关职工年终绩效考评办法》

每年进行一次包括阵地操作人员在内的全体职工年终考评，通过员工对全年工作绩效、个人素质的自我评价，进行民主测评及主管领导评价和考评组听取职工意见等为一体的综合考评。同时，为突出考评的公开、透明，培养职工客观真诚的自我评价态度，工会组织了科级及机关管理人员在以支部为单位的会议上述职，操作人员在活动阵地职工会议上汇报工作，并接收职工测评，针对考评组的考评结果，由总支委员会进行审定。近几年来，武钢工会机关对考核包括操作人员在内的优秀职工95人次，分别进行上浮岗位系数0.1/年的奖励，对考评末尾者进行诫勉谈话或下浮岗位系数的惩罚。

（三）主席嘉奖令激励

近几年来，为了加大对履职尽责成绩突出的部门或群体及个人的激励力度，工会实行了主席嘉奖令制度。就是由部门推荐、总支委员会研究，由主席办公会审定，对某一阶段或在一项重要工作中表现突出的集体或个人，及年度考评工作绩效特别突出的个人或部室，在工会机关“三个文明”建设表彰大会上给予重奖，集体奖励金额为8000元至2万元不等，个人奖励5000至8000元。近几年来，工会对武钢文工团舞蹈队、白玉山活动中心等12个集体，以及39名个人进行了嘉奖，奖励总金额达39.9万元。富有成效的绩效评价和嘉奖激励，使职工履职尽责能力和水平得到极大提升，在武钢内部履职尽责检查与评价中，工会机关近几年来都被评为A类部门。

三、强化调查研究，提升服务基层的能力

武钢工会把调查研究作为成事之基、谋事之本，坚持深入基层调查、协调、指导工会工作，使调查研究制度化、经常化，有效地提升了机关服务基层的能力。

（一）制定《武钢工会联系基层工作制度》《武钢工会领导人员挂点工作方案》等制度办法

工会坚持听取广大职工意见和呼声，解决职工关心的问题。例如，围绕企业阶段性的重点工作和履行工会职责工作，2010年起，武钢工会围绕完成年终企业利润目标，把深入基层推进班组降成本作为重要工作。工会机关领导人员各自分片负责联系6个单位，共与30多个二级单位联系，深入基层指导和推进了降本增效工作。2011年，为了推进班组降本增效工作的深入开展，工会机关领导人员与10个一线班级建立联系点，38个厂矿工会主席与其厂一线班组建立联系点，做到每月至少下班组两次，指导总结班组降本模式20余个并汇编成册，还召开武钢班组降成本经验交流会，极大地推进了班组降成本工作的开展。

（二）做好工会工作新思路的调研，使工会工作更好地服务企业与职工

每年“五一”表彰前，武钢工会都组成专班深入二级单位工会，检查指导工会工作，听取党政领导及职工对集团公司、厂矿工会工作的意见和建议，并作为武钢工会改进工作的重要依据。每年年底，武钢工会领导班子都带队深入厂矿召开二级单位党政负责人、二级单位工会主席、车间工会主席、车间党政负责人及班组长或工会小组长调研会，认真听取对工会工作的意见要求，组织制订新的一年工会工作思路和工作计划，使工会工作的方针目标与工作计划融入到企业改革发展实际，贴近职工实际需求，服务基层工会工作。2010 年，为了深化工会工作，武钢工会开展“回头看、找不足、创新路”大调研活动，分层次采取座谈、走访和问卷调查等多种形式的调研，对象涉及 40 多个单位、基层党政领导和职工 4000 多人，形成各层次调研报告 30 多份，为找准工作中存在的问题，广泛吸纳职工群众的意见和建议，制订新年工作计划和任务，提供了科学的依据。

四、坚持解放思想，提升工作创新能力

武钢工会必须解放思想，走改革创新之路，始终与企业发展实际相结合、与职工群众需求相结合。武钢工会本着从企业和职工的需求中定思路，从企业的生产经营和改革发展中定重点，从厂矿和基层的实践中找方法，从党政和职工的评价中找差距的工作方针，极大地提升工会机关干部职工创新思维和创新能力，做到自觉破除发展上的自满情绪、改革上的畏难心态，勇于接受新事物，善于接纳

新观念，使思想上有新解放、理论上有新提高、实践上有新创造，打造了一批具有武钢工会特色的工作品牌。

近几年来，武钢工会首创工人科技园，组织挖掘工会技师和工人中能工巧匠的智慧，一批工人自主创新成果得到推广与运用，武钢工人的首创精神及创新成果得到全总领导充分肯定。武钢从工会工作实践中总结提炼出的“四个每一天”工作理念及工作格局，将工会职能融入到实际工作中，使工会职能更通俗易懂，贴近职工实际，让职工看得着，感受得到。牢记于心的工作职能的新解读，得到企业职工的认同，也在全国工会系统产生较大影响。创造性开展的职工重病互助活动，集全公司职工之爱心力量，关爱和帮助患重病职工，每年使200余名职工得到帮助。围绕企业生产重点降成本工作，开展的“争当降本创效双百明星”活动，使一线班级先进典型游港澳，增强了职工的荣誉感和自豪感。创造性地开展的“万名职工欢乐行”活动，让社会精神文明成果成为职工精神盛宴等。一系列有特色、有实效、有创新的工会工作的创新成果，成为具有武钢文化特色的工会工作品牌，在全国产生了较大影响。

第三节 工会组织全覆盖

普遍建立并健全工会组织，是贯彻“组织起来、切实维权”工作方针的根本要求，是深化“四个每一天”工作格局的“基础工程”。

近年来，伴随着武钢集团化发展模式的深入实施，企业组织形式、经营方式、用工方式日益多样化，武钢本部专业化集中与重组、对外联合重组、投资组建、外协施工等新建企业在不断增多，以劳务派遣形式参与武钢建设的人员也在逐渐增多。面对职工队伍的迅速发展壮大、企业用工方式的变化、职工的合法权益尚未得到有效保障等复杂状况，如何进一步贯彻落实全总“组织起来，切实维权”、“扩大覆盖面、增强凝聚力”的要求，不断加强工会组织建设，成为武钢各级工会组织的一项重要课题。武钢工会在充分调研的基础上，确立了“超前介入，重心下移，关口前移”的工作思路，坚持党建带动工建、工建服务党建的方法，做到主动、依法、科学地开展工会组织建设工作。

一、超前介入，努力实现工会组织建设与企业改革进程“三同步”

近几年来，武钢加快内部改革、外部重组力度。伴随着企业重组、划转、专业化集中等改革方式，工会组织建设工作面临诸多新情况。武钢工会本着“超前介入，掌握实情，指导服务”的原则，加强与所在单位党组织和行政沟通，加强与地方工会组织沟通。工会依托党建带动工建，对相关单位工会组织建设进行专题调研和业务指导，做到了改革过程中工会组织不散、工作不乱。

自2008年以来，武钢工会先后对重工集团、硅钢事业部、炼铁厂、烧结厂、实业公司等单位的工会组织建设工作进行了10多次的密切跟踪和指导，按照“三同步原则”，即“同步考虑、同步规划、同步设置工会组织”，分别与所在单位党委、行政进行沟通与协调，提出的工会组建工作指导意见得到认同并付诸实施，保证了重组、划转、专业化集中后单位的工会组织机构及人员的落实到位，同时要求该单位工会协助党委、行政做好企业和职工的稳定工作。

在武钢积极推进对外兼并重组企业的大背景下，武钢工会遵循“三同步原则”，把切实做好兼并重组企业工会工作作为落实“组织起来，切实维权”方针的又一重点工作。武钢外贸码头公司是由武钢与武汉市国资委共同出资组建的武钢控股子公司。围绕外贸码头公司工会组建工作，一方面，武钢工会积极向武钢企业管理部咨询该公司的组织形式和管理方式，向武钢组织人事部了解该公司党组织关系的隶属情况；另一方面，针对外贸码头公司采取由武钢授权港务公司代管控股子公司的全新管控模式的情况，武钢工会多次到港务公司调研外贸码头公司工会组织建设和职工队伍的状况，并组织工会有关部室负责人到港务公司召开了关于外贸码头公司工会组建工作的现场协调会。按照“企业工会接受同级党组织和上级工会的双重领导，以同级党组织领导为主”的组织工作指导原则，于2009年12月，武钢工会与武汉港务集团工会顺利完成了外贸码头公司工会组织关系的接转，其组织关系隶属港务公司工会，接受港务公司工会管辖，实现了对外兼并重组企业工会组建工作的平稳过渡。

二、重心下移，努力破解武钢异地企业工会组建工作新问题

武钢全面推进第三次创业以来，企业的组织形式、经营方式日益多样化，武钢所属单位管理的外埠新建企业不断增加。组织这些异地单位的职工加入工会组织，加强异

地新建企业工会的组织建设成为工会组织建设工作的新问题。

武钢工会按照“哪里有职工，哪里就要建立工会组织”的工会组建要求，将建会重心下移至异地新建企业，遵循工会组织属地化管理原则，围绕提高建会质量，要求做到“四个必须”：必须向所在单位报告，必须建立工会筹备组，必须召开会员（代表）大会，必须无记名投票选举“两委会”委员及工会主席。

在重庆武钢钢材配送公司工会组建过程中，武钢工会指导该公司上级工会（武汉钢铁股份有限营销总公司工会）与所在地工会组织（重庆市江北区总工会）一起，按照重庆市江北区总工会《企事业单位工会成立程序》文件要求，坚持严格依法与注重实效相结合，创新组建了重庆武钢钢材配送公司工会组织。这是贯彻《工会法》，企业工会与地方工会相结合，开展企业异地基层工会建会工作的一次成功探索。

通过重庆钢材配送公司工会组建工作，武钢工会在工会组织建设、规范运作、形象展示等方面，为重庆江北地区企业工会发展起到了示范引领作用，也为母子公司框架下工会运行模式积累了经验。另外，武钢工会还对营销总公司天津剪配公司、芜湖剪配公司、浙江舟山武港码头公司等武钢所属异地企业建会工作进行了富有成效的指导，做到了工会组建工作不留空白点。

三、关口前移，努力探索劳务派遣工入会新模式

随着市场经济的发展和企业用工制度改革的推进，以劳务派遣形式参与武钢建设与发展的人员在逐渐增多。吸纳劳务派遣工加入到工会组织中来，维护劳务派遣工的合法权益，是武钢工会协调（指导）劳务派遣单位和用工单位建会的又一重要任务。

武钢工会坚决贯彻落实全总关于组织劳务派遣工加入工会的有关文件精神，围绕提高建会质量，突出抓好“三个环节”：一是坚持关口前移。上级工会靠前指导劳务派遣工入会工作，规范其入会程序。二是坚持让职工自愿加入工会。尊重劳务派遣职工的意愿选择，要求加入工会的职工自愿提出申请，填写入会登记表。三是坚持民主选举工会主席。在制定选举办法、提名候选人、组织选举等各个环节都严格履行民主程序。武钢工会指导建工集团、工程技术集团、设备维修总厂等相关基层单位工会与劳务派遣单位进行沟通协商，并结合实际情况制定出相应的劳务派遣工会员管理办法，采取政策引导、组织动员、宣传发动、配合支持等有效措施和方法，积极做好劳务派遣工入会和会籍管理、会费收缴、活动经费来源和使用等工作。

目前，武钢 78 个基层单位 100% 建立了工会组织，拥有工会会员 10.5 万名，职工入会率达到 99.7%；劳务派遣工加入工会组织的共 8575 人，实现了工会组织建设与武钢内部企业专业化集中与重组的同步进行。在武钢改革、改制过程中未出现撤销工会组织、合并工会工作机构的问题和现象，保证了工会的机构设置独立和组织健全，依法维护、保障了会员和工会干部的合法权益，为企业工会充分发挥作用奠定了坚实的组织基础。

第四节　创建武钢工人科技园

技能人才是武钢人才队伍的重要组成部分，是武钢自主创新的重要力量。武钢拥有3300多名工人技师、高级技师，他们是长期奋战在生产一线的高技能人才代表，掌握着专门技术，具有精湛技艺，是开展技术攻关、发明创造和推动武钢科技进步的重要力量。武钢工会坚持把技能型人才组织起来，把他们的创新潜能挖掘出来，为他们搭建大显身手的舞台，推动企业科技创新发展。

2005年5月，在武钢党委常委、工会主席马启龙的亲自指导下，由武钢工会领导的武钢工人科技园挂牌成立，广大技能工人有了开展自主创新、展示才华的“蓝领之家”。历经7年多的实践，武钢工人科技园成为武钢技能工人掌握科技知识的大课堂、自主创新的大舞台，成为培育创新型技能职工的基地。武钢工人科技园受到了20多位全国、省、市有关领导的重视、指导和高度评价，还吸引了多家知名企业老总前来参观、洽谈。

一、创建武钢工人科技园的目的和意义

（一）创建工人科技园的主要目的

一是建立对广大技能工人进行技术培训、技术交流的活动园地，提高了广大技能工人的学习能力、创新能力和实践能力，激发了广大技能工人的主人翁精神。

二是培育创新型技能工人，激发技能工人创新潜能。

三是为广大技能工人建立成果转化基地，推广应用技能工人的创新成果，为工人发明成果的转化建立市场机制。

（二）创建工人科技园的现实意义

一是有利于坚持贯彻全心全意依靠工人阶级办企业的根本方针。广大工人要当好企业的主人，就要不断提高自身素质，努力提高自身技能，增强自主创新能力，这样才能充分体现工人阶级的先进性。

二是有利于进一步营造尊重知识、尊重劳动、尊重人才、尊重创造的环境氛围。

三是有利于充分展示技能工人才干、发挥技能工人的重要作用。

四是有利于展示广大技能工人的创新成果，为企业自主创新提供人才和智力保证。

二、武钢工人科技园的主要功能

武钢工人科技园为技能工人搭建了技术培训、技术交流的平台，把技能工人创新成果及时转化为服务武钢、服务社会的生产力，有力提升了技能工人的学习能力、创新能力和实践能力，逐步成为创新型技能工人的技术培训基地。

（一）开展技术培训和技术交流

针对技能工人掌握科技前沿知识不广、学习新技术不够系统等问题，武钢工人科技园组织他们学习新知识，交流新技术，定期邀请武钢钢铁研究专家、专业科技人员、高校教授，对技能工人进行《技术创新与发明点》《创新是企业的生命》《知识产权保护》等知识的培训和辅导。邀请全国劳模、高级技师、发明爱好者，召开成果发布、技术交流会议，畅谈发明心得体会。每年，武钢工人科技园组织的技术培训、技术交流活动达20多场次，有1600多人次技能工人接受了科技知识的培训。通过技术培训、技术交流，最大限度地激发了技能工人的创新激情和活力。

（二）组织技能工人开展研发活动

武钢工人科技园内设置了发明学校、创意室和小型实验工厂，为发明活动提供场所。技能工人在日常发明创造中不论遇到什么困难，在武钢工人科技园都能得到帮助。研发中遇到创新难题，武钢工人科技园组织具有专长的高级技师、科技专家为他们解决；遇到经费问题，武钢工人科技园无偿给予提供；遇到模型制作困难，武钢工人科技园联系有资质的企业为其生产。每年，武钢工人科技园组织支招活动20余次，解决技能工人研发难题50多个，为技能工人无偿提供研发资金10万余元。武钢质检中心高级技师朱有发，针对武钢每年几千万吨矿石入厂取样和化验时间长的难题，经过支招会上的充分交流和探讨，采用“全断层取样法”和“快速干燥法”解决了关键问题。该项成果已申报专利，并转化为工人科技园的产品推广应用，大幅度降低了武钢矿石入厂的成本。

（三）展示技能工人的发明成果

2005年以来，武钢每两年组织开展工人自主创新成果评选活动，至今已举办四届，共收集工人自主创新成果1294项，经专家评选并在武钢科技大会上表彰和重奖工人自主创新成果金、银、铜和优秀奖305项。武钢工人科技园已举办3次工人自主创新成果展，以文字、图片和实物模型的方式，全面展示获奖成果的创新特点，展示工人专利成果，增强了技能工人发明创造的荣誉感、责任感；遴选项目参加全国、省、市有关职工自主创新成果评选、展览活动。2005 年以来，已选送 70 项工人创新成果参加了国际、国家和省、市发明成果展，50 项成果获奖，其中金奖（一等奖）成果奖 17 项，还有两项成果分别获得纽伦堡国际发明展银奖和第二届全国职工技术创新成果一等奖。

（四）推进工人自主创新成果的应用

2007 年 4 月，由武钢工会出资 360 万元，经工商注册，成立了武汉钢工科技创业孵化器有限责任公司。该公司专门负责转化工人自主创新成果，及时将工人的发明创造成果转化为现实产品，并推向市场。截至目前，技能工人研发的 1300 项创新成果，已全部应用于生产一线，为有力推动企业技术进步发挥了重大的作用。武钢工人科技园通过举办多次成果转化产品推介会、洽谈会，将“高炉炉顶煤气分析系统”、“焦炉放散点火装置”、“超重限制器”等 50 多项成果，成功转化为产品，应用到武钢内部 30 多个单位，并远销到全国 10 多家钢铁企业，金额达 700 万余元。

（五）广泛开展技术服务活动

2007 年 7 月，武钢工人技师协会成立。武钢工人科技园利用技师协会和二级单位“蓝领工作室”的平台，组织开展“创一流的岗位业绩、提一条合理化建议、攻一项技术难关、传一项技能绝招”的活动。广大技师完成攻关项目 1000 余项，缓解了企业的成本压力，增加了企业效益。2009 年，创造性地开展了武钢工人技师赴鄂钢联合现场技术攻关活动。武钢 30 名高级技师受邀前往鄂钢进行协同联合技术攻关。3 年来，共解决连铸坯表面夹渣、断裂、冷轧板断带等技术难题 75 项。

目前，武钢技术密集型的单位相继建立了工人科技站，很多基层单位还结合自身特点成立了创意学会、大学生协会、蓝领俱乐部以及以发明者名字命名的工作室 36 个。从科技园到科技站，再到“蓝领工作室”，创新和发明爱好者施展才华的平台越来越宽广。武钢工人科技园的创建及实践，得到了上级工会的高度肯定：20 世纪 60 年代职工技协活动是工人阶级的伟大创举，工人科技园的创建是新世纪工人阶级的又一个创举，为职工技协活动的发展开创了一条新的道路。

三、创建武钢工人科技园的启示

（一）各级领导的关怀和重视，是武钢工人科技园建设的前进动力

2006 年，武钢党委常委、工会主席马启龙结合建设武钢工人科技园的实际，提出了“关于建立武汉工人科技园的建议”提案。武汉市原副市长袁善腊主持召开了有市总工会、市科技局、市财政局、市专利局、市发改委等 14 个部门领导参加的会议，听取了武钢关于创建工人科技园的专题汇报，并要求在政策、资金、技术等方面给予扶植。2007 年至今，全国总工会、全国机冶建材工会、全国 27 个省市自治区总工会领导，先后来武钢工人科技园视察、参观和指导，给予了很高的评价。武钢集团领导对武钢工人科技园的建设和发展极为重视，出台关于加强武钢工人科技园建设的意见，总经理和党委书记亲自担任加强建设推进领导小组的组长，对工人科技园的发展给予极大的关注

和支持。各级领导的关心、重视和支持，极大增强了武钢工会建设好武钢工人科技园的信心和动力。

（二）发挥骨干的引领作用，以个人创新带动团队创新，是武钢工人科技园建设的坚实基础

在武钢工人科技园长年活跃着一支与全国劳模、中华技能大奖获得者刘渝兴，全国劳模、工人发明家刘幼生，全国五一劳动奖章获得者朱有发和拥有 7 项专利成果的高级技师曹雁来等为代表的开展技术创新活动的骨干队伍。他们都有丰富的生产实践经验和自主创新的活力，在他们的带领下，越来越多的工人技师和技能工人主动参与到自主创新活动之中。工人科技园为他们开展自主创新活动创造条件，通过支招会、交流会、发布会，催生发明者的创新成果；通过培训、上课，提高发明者的自主创新能力；通过评审、奖励，激励发明者的创造活力，极大地调动了广大工人自主创新的积极性、主动性和创造性，成为实现武钢改革发展目标的重要推动力量。

（三）推行市场运作模式，实现工人创新成果的转化，是武钢工人科技园建设的生命力

武钢工人科技园发展的关键是必须走市场化运作的道路。为此，经武钢集团公司同意，成立了武汉钢工科技创业孵化器有限责任公司，专门负责转化工人创新成果。该公司成立后，形成了工人发明家出成果、工人科技园作为中介、孵化器公司推销的商业链。2007 年，武钢工人科技园转化的“高炉炉顶煤气分析系统”，在武钢 5 号高炉改造大修工程中，以 134 万元的标底一举中标。2011 年，积极推介“冷轧脱脂液净化回收装置”新成果，经过不懈地运

作，该项目在冷轧总厂的转化应用中一举中标，合同额度为195万元。孵化器公司积极参与集团内部技改项目的招投标，中标项目3个。武钢工人科技园在服务武钢的同时，逐步面向社会走向产业化发展的道路，向社会市场推出了一系列产品。

建设创新型国家，企业是主体，推进企业自主创新，职工是主体。武钢工人科技园在推进企业自主创新活动中，进行了有益的尝试，鼓舞着广大职工的志气和风采，传承着工人有力量、有技术的传统。

第五节　工会财务管理提升

工会财务管理工作是工会开展各项工作、履行各项社会职能的物质基础和保障，是工会各级组织之间和工会联系职工群众的经济纽带。

随着武钢工会事业的不断发展和工会经济活动的不断拓展，各级工会所拥有的资产不断增加，经费总量不断上升，工会财务管理工作越来越重要，对财务人员的素质及管理水平提出了更高的要求。武钢工会财务工作深度融入武钢工会全局工作，深化改革，锐意进取，逐步实现了财务管理的程序化、规范化、预算化和精细化运作，收、管、用好工会经费，为“四个每一天”工会工作格局提供了坚实的物质保障。

一、强化工会经费收缴管理，加强资金运作，合理配置工会资源

（一）将工会经费收缴工作纳入工会工作重要日程和“双争”竞赛管理办法中

工会经费收缴工作应做到从源头上参与、组织上保证、制度上落实。各级工会要求同级行政部门提供人工成本表，核对工会经费是否计拨到位。武钢工会每年组织工会经费计拨专项检查，加强监督；理顺各级工会收缴关系，调整总厂级工会经费分成比例，调动基层工会的积极性，经费拨缴收入实现稳步增长。

（二）加强资金运作，依法理财，提高资金使用效率

长期以来，武钢工会经费的使用原则一直是“量入为出，略有结余”，因此各级工会的留存资金逐年增加。为确保资金安全，各级工会对于这部分结余资金以及职工互助保险基金，普遍作为活期存款或者定期存款管理。但随着银行利率的不断下调，资金收益率逐年下降。武钢工会财务采用委存委贷的形式对扶贫帮困基金、职工互助保险基金及工会结余资金进行资金运作。2005 年至 2011 年，共增创效益 4000 多万元，远高于同期银行定期存款收益。在确保资金安全的情况下，对资金的有效运作，实现了工会资产的保值增值，为加大扶贫帮困工作力度奠定了坚实的物质基础。

（三）合理配置工会资源，使资产保值增值

武钢工会投资成立武汉钢工科技创业孵化器有限责任公司，为工人技术创新工作提供了平台和运作资金，为工

人自主创新成果及时转化为现实生产力，促进武钢第三次创业做出了贡献；建立金银湖度假村，弥补了武钢职工疗休养场点的不足，为职工休养身心提供了新的活动场所，让更多的职工能够分享企业发展成果，同时也为工会带来了收益。工会经费拨缴收入的稳步增长，资金的有效运作，资源的合理配置，既保证了工会资金的安全，又实现了资产的保值增值，为深化“四个每一天”工会工作格局做强做实了物质基础。

二、强化工会预算管理，完善检查监督机制

（一）强化预算管理，严格审批程序

工会经费预算是工会工作计划的资金反映，是落实工会工作目标的保证，它反映了工会经费使用范围、规模和流向。在长期的预算管理工作中，武钢工会财务不断创新，不断实践，结合工会工作实际，从预算的编制到执行进行全方位的过程管理与控制，推进武钢工会预算制度改革，细化预算管理，做到为领导决策提供依据，为费用开支提供监控，为部门预算做出预警。

1. 科学编制预算。为改变以往基层工会年度预算采用的“基数+增长”的陈旧编制方法，防止各项预算指标盲目上升，武钢工会要求基层工会不断推进、强化“零基预算”，做到科学编制预算，提高预算执行的操作性；要求各级工会在预算编制前必须与其单位劳资部门核对实有人数和工资总额，合理确定拨缴经费收入预算，正确评估其他收入，做好收入预算；再根据本级工会下年工作计划安排经费开支，并对每一项费用开支说明理由。“零基预算”的应用及推广，较好地剔除了预算基数中不具有连续性的支

出因素，新年度预算支出编之有据，促进资金使用的精打细算，合理使用资金。

武钢工会制订本级预算时，在强调“零基预算”的基础上，不断完善和改进“项目预算”。工会工作有其独有的特点，费用支出具有季节性和规律性，具体体现为各项经费开支可以归集为一个个活动项目。针对这种特点，武钢工会要求各部室全员参与年度预算的编制及控制。各部室根据下年度工会工作计划，结合本年度各项目预算的实际执行情况，制定下年度项目预算。武钢工会财务部门结合工会财力，合理安排工会预算。新的预算编制及控制办法的实施，使预算的制订更加科学合理，预算控制及考核更有可操作性。

2. 优化预算结构。武钢工会注重预算支出结构的优化，突出预算对“四个每一天”工会工作的支持和配合。在预算支出的安排上，结合工会重点工作，按照工会工作的实际安排和财务能力，规定相对合理的支出比例，把有限的资金用在刀刃上，用在职工开展活动及维权支出上，用在工会工作创新上。同时，要求基层工会留存经费的60%以上用于职工开展活动及维权支出，保证工会经费的使用方向。

3. 严肃预算纪律。预算一经批准，不可随意更改，必须严格执行。各级工会财务预算在本级工会主席审核签字后，必须经同级工会经费审查委会审核同意，方可报上级工会审批。该措施有效纠正了预算与预算执行脱节、开支随心所欲、预算随意增加的做法。

4. 严格预算考核。武钢工会要求，各单位工会在上报年度决算报表时，必须对预算执行情况进行分析说明，对严重偏离预算的项目要详细说明原因，并将预算执行情况纳入年度考核。

（二）完善财务制度，优化业务流程，全面实施工会财务会计规范化建设

武钢工会不断建立和健全基本财务管理制度，以财务规范化管理为中心，以夯实财务基础工作为抓手，对制度进行跟踪落实，调整管理结构，优化业务流程，统一操作标准，提高人员素质，不断提高财务管理水平，确保工会资产的保值增值。

1. 结合实际，完善制度。2005 年以来，武钢工会制定和修订了多项财务管理制度，主要有《武钢基层工会经费使用管理实施细则》《武钢基层工会会计人员管理办法》《武钢工会系统会计人员离岗交接工作的补充规定》《武钢工会固定资产业务流程管理办法》《关于进一步规范武钢基层工会经费结余使用和管理的通知》《关于加强武钢工会机关费用管理的通知》《武钢工会经费支出内部消费管理办法》《武钢工会基本建设及维修改造工程监督管理办法的通知》等。这些财务制度的建立和不断完善，进一步规范了武钢各级工会及工会企事业单位的财务核算与管理，提高了工作效率，促进了工会事业的发展。

2. 调整管理结构，优化业务流程。近几年来，武钢内部改革力度加大，武钢集团公司与武钢股份公司两级机关实行了合并。武钢工会及时调整有关单位工会财务的组织工作，理顺了管理结构，修订完善了固定资产业务流程管理办法，明确了资产采购、验收、保管、使用、调拨、报废等环节的规范程序，分清了武钢工会及基层工会的管理权限，规范了基层工会结余的使用和管理，使工会存量资

金真正起到“以丰补歉”的作用，实现了工会经费的灵活使用。另外，武钢工会还将扶贫帮困基金、重疾互助基金、大学生贷款基金从工会经费账户体系中独立出来，进一步理顺核算关系，优化业务流程，提高了会计信息的质量。通过管理结构的调整及业务流程的再造，工会会计核算的效率及质量进一步提高。

3. 统一操作标准。一是统一操作平台。武钢工会会计核算实现全程电算化、网络化。通过多年努力，结合新工会会计制度的正式实施，实现了“三统一”，即会计科目设置统一、会计报表格式统一和会计账册打印格式统一。

二是统一操作程序。编写《武钢基层工会会计实务手册》，统一各类会计业务处理的操作程序，实现规范性、实用性、普及性的统一，把日常会计核算与系统财务管理相结合。会计电算化的全面运用，标准操作程序的实施及推广，减轻了会计人员的工作量，完善了会计基础工作，提高了会计信息质量，使工会的财务管理和会计核算水平迈上新台阶。

4. 强化培训，提升财务人员业务素质。由于新的工会会计制度调整了部分工会会计的核算方法及形式，机构改革的不断深入导致了工会机构及人员的频繁调整。武钢工会结合工会财务工作的需要，坚持开展全员性的业务培训，举办新会计制度培训班、岗前培训班、基层业务骨干培训班及财务片（组）培训班，每年组织参加武钢财务系统开展的会计继续教育，进行财务知识竞赛并进行评比表彰。通过多层次、多渠道、多形式的财务培训，提高了财务队伍素质，保证了新工会会计制度在武钢工会的顺利实施。工会财务工作在机构重组调整及高频率的人员交流中做到了平稳过渡，财务人员专业知识不断更新，对提高工会财务管理水平起到了关键作用。

5. 完善财务检查机制，确保工会经费支出的规范合理。为了严格财经纪律，加强财务管理，促进工会经费的收、管、用工作，武钢工会坚持把财务检查列入每年的财务工作计划，并不断优化形式、调整重点、创新方法、总结经验，使财务检查收到实效。

一是理顺检查步骤，建立自查—互查—抽查的检查程序。以财务互助组为基础，开展季度学习和年度自查，就地解决存在的问题，及时反馈财务工作状况。每年一季度，武钢工会财务部会组织各小组间的互查，以收集情况，反映问题。在此基础上，再由武钢工会财务部抽调业务骨干同经费审查委员会组成检查小组，对部分单位进行重点抽查，把检查变成培训现场，指导和帮助被查单位的会计核算与管理工作。

二是调整检查重点，从共性问题向个性问题深入。武钢工会在对基层单位财务核算中存在的问题进行广泛调查的基础上，拟定各个阶段的检查重点，从传统的基础工作检查，逐步深入到债权债务清理、对外投资跟踪、制度标准执行、专项资金使用上来，积极推动财务管理规范化及业务流程的标准化。

三是建立回访制度，落实整改措施。对查出的问题，除组织专门讲评外，还对较严重的问题下发整改通知，限期整改，并组织专门人员到被查单位回访，落实整改情况。这样，既与被查单位的领导保持了沟通，又切实了解了被查单位的整改进度，使财务检查工作落到实处。

通过不断完善财务制度，规范管理流程，统一操作标准，强化预算管理，加强审计检查，武钢各级工会经费收入保持了稳步增长，工会经费收入的途径不断扩大，筹集资金的领域不断拓宽，支出结构日趋合理，工会整体经济实力稳步增强，稳定地为“四个每一天”工会工作格局的深化发展保驾护航。

第六节　强化经费审查功能

工会经费审查工作作为工会工作的重要组成部分，是保证工会经费规范使用和工会资产安全完整的重要环节。武钢工会经费审查委员会按照“依法审计，服务大局，突出重点，求真务实”的总要求，以实施实务审计为重点，以提升审计质量为核心，不断强化经费审查功能，保障“四个每一天”工会工作格局持续健康地发展。

一、坚持“五必审”，实现审查审计监督全覆盖

（一）预决算必审

强化同级工会财务的审查监督，特别是加强对预算的审查，促进建立科学的预算管理体系标准，使预算的制订更加符合实际。武钢各级经费审查委员会认真履行本级工会经费预、决算审查职能，以审查促进提高预算编制水平，使预算的制订更加符合实际；坚持用制度审查决算，强化预算执行的严肃性和执行效果；适时开展单项预算的审查和审计，监督和保证财务预算的正常运行，提高预算控制力。

（二）届期、离任必审

坚持对工会主席在一个单位连任满三年进行届中审计，坚持开展基层工会主席离任审计，坚持每年对工会企事业单位财务收支情况进行审计监督，坚持经营效果的审计确认制度，从而更好地推进工会组织的党风廉政建设。

（三）基建及维修项目必审

强化基建工程审计，制定《武钢工会基本建设及维修改造工程监督管理办法》，并按要求对5万元（含5万元）以上基建及维修工程项目进行审计。

（四）专项资金必审

加强对专项资金的审计监督，严格规范专项资金的收入、支出、管理和使用情况。特别是对扶贫帮困基金、重疾互助基金、大学生贷款基金等进行重点审查审计，坚持“专款专用、实名制发放”的审查审计原则。在武钢范围内对扶贫、帮困、救助等专门款项的落实和职工互助保险基金的管理情况进行抽查，系统地、全面地了解资金的走向、运作及使用状况，找准问题、制定措施、完善制度，防止专项资金被挤占、挪用，确保各项资金的及时拨付和有效使用，规范基金运作，防范资金风险；积极配合有关部门开展专项审计和专项调查。

（五）经费计拨必审

依法加强对两级工会经费的计拨审计监督。除定期开展工会经费计拨专项审计外，把工会经费的计提、拨缴情况纳入各项审计和检查之中，促进工会经费的收缴工作健康运行。

在各项审计工作中，努力推行“审计程序要依法，审计取证要科学，审计评价要准确，审计结论要真实，审计意见要落实”的原则，通过依法审计，推动工会各项经济活动依法有序开展。

二、探索新方法，实现审计审查监督全过程

（一）实现预决算审查全过程

在工会制定经费及财产管理制度、编制年度财务预算等工作中，工会经费审查组织都积极参与，把审查审计的关口前移，定期监督审计审查，督促基层工会创建“账目公开、定期通报、接受监督”的工作机制，接受职工群众的民主管理与监督。经费审查审计监督工作做到事前参与、事中监督、事后审计审查评价。

（二）实现工程审计全过程

工会经费审查委员会对武钢工会基本建设及维修改造工程做到从立项到竣工决算全过程介入，坚持未经经审会审查确认不得立项、未经审计不得办理工程结算的原则，强化工会经费审查委员会对工会基本建设和维修改造工程的监督，规范基本建设及维修改造工程的过程管理，防止工会资产流失。

（三）实现重大经济事项参与全过程

经费审查委员会参与工会重大经济事项的审查和审议，主动关注重大的投资行为和主要的经济决策，从源头上参与监督控制，在审计审查的同时提供服务。在积极参与投资决策的同时，建立完善且切实可行的内部控制和监督管理制度。对工会所有投出资产和资金的产权确定、经营活动、内部控制和风险管理等事项，通过审查审计实行有效

监督。对资产的使用和经营的效果、保值增值情况做出绩效评价。

三、创新思路，优化审查审计工作管理

（一）创新审计模式，提高审计质量

在经费审查委员会进行审查监督的同时，创新审计模式，联合社会审计力量，聘用会计师事务所进行审计，充分利用专业审计人才，提高工会审计质量。

（二）实现审计与财务资源共享，促进科学理财

通过日常财务账表与审计报告的互送，联合调研。同时，加强对财务工作随机审查、分析与评价，及时纠正财务管理中的问题，将隐患消除在萌芽状态，变单纯监督为监督与服务相结合。

（三）在规范工会经费使用和管理的同时，坚持查找问题与解决问题并重

对审计中发现的问题，注重从制度和管理层面深入剖析原因，提出相应的整改意见，督促整改落实，变纠弊审计为长效审计，提高经审工作的实效性。

编后语

BIANHOUYU

为忠实记录和总结武钢第三次创业以来“四个每一天”工会工作格局的发展轨迹和主要做法，我们组织编写了《四个每一天——武钢工会工作探索与实践》。负责本书撰稿的同志有：倪国伟（第一章）、叶少雄（第二章第一节，第三章概述，第二章第八节，第五章概述、第一节）、汤叶青（第二章概述、第二、三、四、五、八节，第三章第三节）、茅经希（第二章第六节）、贾厚松（第二章第七节，第五章第四节）、许勇（第三章第一节）、杨灿（第三章第二、六节）、李成建（第三章第四、五节）、余俊（第三章第七、八节）、钟钢（第四章概述、第一节）、范青霞（第四章第二节）、王健（第四章第三节）、夏伟（第四章第四节）、付平平（第四章第五节）、董宏量（第四章第六节）、孙虹（第四章第七节）、张精华（第五章第二节）、苏夏（第五章第三节）、刘水能（第五章第五、六节）。参加本书编辑的同志有：赵爱学（第一章）、倪国伟（第二章）、叶少雄（第三章）、许勇（第四章）、汪汉林（第五章）。赵爱学同志负责统稿。

本书在编写过程中得到了朱永峰、陈永志、杨维春、肖扬、吴寒芬、应卫超、周春华、郭众、李兵普等同志的大力协助，在此一并致谢！

由于时间紧迫，水平有限，书中难免存在不足和疏漏之处，恳请批评指正。

编者

2012年11月